Eimsbüttel

im Wandel

in alten und neuen Bildern

fotografiert von Katharina Marut
mit Texten von Jan Schröter

Medien-Verlag Schubert

Inhaltsverzeichnis

Titel: Auch in der Lindenallee gibt es zwischen den Nummern 54 und 56 eine Lücke. „Hier floß der Isebek" heißt das Bild der Künstlerin Dagmar Fedderke, dessen Motiv auf Hausmauern, Garagentoren und Stellwänden im ganzen Viertel zu sehen ist - eben überall dort, wo der Isebek einst floß.

ISBN 3-9802319-9-2

© 1992 by Medien-Verlag Schubert, Hamburg

Satz & Layout: Medien-Verlag Schubert
Druck: Gustav A. Schmidt
Printed in Germany

Die Anfänge

Die Landschaft, die einmal den Namen Eimsbüttel und einen Panzer aus Stein und Beton tragen würde, bestand aus Wäldern, Wiesen und Mooren, durchzogen von einigen Bächen. Über tausende von Jahren hinweg hatten Menschen sie durchstreift oder in ihr gelebt, ohne der Nachwelt davon ein bleibendes Zeugnis zu hinterlassen.

Der älteste erhalten gebliebene Nachweis von dieser Landschaft ist ein Kaufvertrag von 1275. Käufer sind die Nonnen des Klosters Herwardeshude, zu dieser Zeit noch am Pinnasberg auf St. Pauli ansässig - erst zwanzig Jahre später erfolgte der Umzug in das Klostergut am Frauenthal im heutigen Harvestehude. Als Verkäufer treten die Gebrüder Heynrich und Meynrich von Heynbroke, wohnhaft bei Bremen, auf. Gegenstand des Handels ist unter anderem eine Hufe Land, gelegen im Dorf „Eymersbuttele".

Eine Hufe entsprach einer Fläche zwischen sieben und zehn Hektar. Welches gewaltige Ausmaß der Handel zwischen den Nonnen und den Noblen hatte, macht die Aufzählung aller in diesem Vertrag vereinbarten Verkaufsobjekte deutlich: Neben besagter Eimsbüttler Hufe wurden zwei Hufen in Osdorf, eine in Barmbek, viereinhalb in Bramfeld, eine in Mellingstedt, zweieinhalb in Lemsahl und weitere Ländereien in Duvenstedt, Kirchsteinbek und Schiffbek verkauft. Als schmackhafte Zugabe wurde den Nonnen noch das Anrecht auf 120 Aale aus der Bille gewährt. Auch Geschäftsessen haben offenbar Tradition ...

In den folgenden Jahren erweiterten die Nonnen von Herwardeshude

1796 - am Schäferkamp stehen erst einige Wirtschaftsgebäude auf dem einstigen Gelände der klösterlichen Schäferei (daher auch die heutigen Bezeichnungen der Straßen „Kleiner Schäferkamp" und „Schäferkampsallee").

ihr Imperium beträchtlich. Die adligen Holsteiner Herren gerieten - noblesse oblige - immer wieder einmal in Geldnöte. Bares war knapp, Land war genug vorhanden, also ging man die barmherzigen Schwestern um einen Kredit an oder verkaufte den Boden gleich an sie. So wuchs das Klosterreich um Borstel und Alsterdorf, Eppendorf, Winterhude, Ohlsdorf, Bahrenfeld und Rissen. Am Ende des 14. Jahrhunderts übertraf die Fläche der Klosterländereien das damalige Gebiet der Hansestadt Hamburg bei weitem.

Auch in Eimsbüttel blieb die von den Heynbrokes erworbene Hufe Land nicht der einzige Grundbesitz des Klosters. Am 11. März 1339 verkaufte Adolf VII., Graf von Holstein, Stormarn und Schauenburg, das ganze Areal Eimsbüttels samt der darauf befindlichen Häuser, Tiere und leibeigenen Einwohner an die Frau Äbtissin, die Frau Priorin und den Konvent des Nonnenklosters zu Harvestehude. Als Preis vereinbarte man die stolze Summe von 300 Mark Hamburger Pfennige („pro trecentis marcis denariorum Hamburgensium").

Fünf Jahrhunderte lang blieb Eimsbüttel eng mit dem Kloster verbunden, in dessen Verwaltung, Gerichtsbarkeit und Zinspflicht es stand. Allerdings änderte sich der Status des Klosters zwischenzeitlich gravierend: Im Zuge der Reformation wurde 1530 das Gebäude am Frauenthal abgerissen und aus den Nonnen wurden weltliche Stiftsdamen - sicher keine Maßnahme, der ihr ungeteiltes Einverständnis gegolten haben dürfte. Aber was hätten sie schon dagegen unternehmen können? Der Vorschlag wurde schließlich nicht auf eine Art unterbreitet, die eine großartige Diskussion zugelassen hätte, wie ein Chronist berichtet:

„Das war ein kalter Winter im Jahre 1530; da zogen einige Hitzköpfe der Bürgerdeputation auf Beschluß des Rates und der alteingesessenen Bürgerschaft nach Harvestehude und rissen das Klostergebäude ein, ohne daß die Mauern und die Nonnen erheblichen Widerstand geleistet haben."

Auf Befehl des damaligen Kaisers Karl V. erhielten die Damen das in der Stadt gelegene Johanniskloster zum Wohnsitz, das zuvor von den

Mönchen geräumt worden war. So entstand das lutherisch geleitete „Johanniskloster zu Harvestehude".

Zur Verwaltung des umfangreichen Grundbesitzes wurde ein Klosterkonsortium eingesetzt, dessen Vorsitz zwei Bürgermeister innehatten. Die Einnahmen aus diesen Ländereien - also auch nach wie vor die Abgaben aus Eimsbüttel - kamen dem Johanniskloster und dessen Bewohnern zugute.

Die Beziehung zwischen Eimsbüttel und dem Kloster war jedoch durchaus keine finanzielle Einbahnstraße. Die Klosterleitung hatte ein unmittelbares Interesse an der wirtschaftlichen Entwicklung auf ihrem Grund und Boden. So wurde 1560 bei Eimsbüttel eine Schäferei auf dem Gelände eingerichtet, auf dem noch heute die Straßennamen Schäferkampsallee, Kleiner Schäferkamp und Schäferstraße an den einstigen Betrieb erinnern.

Drei Vollhöfe, vier Kätnerhöfe und zwei Brinksitzerstellen bildeten den Grundstock der Besiedlung Eimsbüttels. Die Weiden wurden den Höfen von der Klosterleitung zugewiesen. Auch spätere Neuansiedler mußten sich ihr Land vom Kloster zuteilen lassen.

So konnte man noch in der Mitte des 17. Jahrhunderts Eimsbüttel eher eine spärlich besiedelte Landschaft denn ein Dorf nennen, obschon die Häuser der drei Vollhöfe in relativer Nachbarschaft zueinander gelegen hatten und so doch etwas wie die Keimzelle eines Dorfkerns bildeten.

Zwei dieser Höfe lagen am heutigen Eimsbütteler Marktplatz: Östlich der Fruchtallee, der Einmündung des Sandwegs gegenüber, befand sich der Hof, der in späteren Zeiten in den Besitz der Familie Schacht kam.

Westwärts gegenüber lag der Hinschenhof, dessen Wohngebäude erst 1911 abgerissen wurde (es war allerdings nicht mehr der ursprüngliche Bau aus dem 17. Jahrhundert). Nörd-

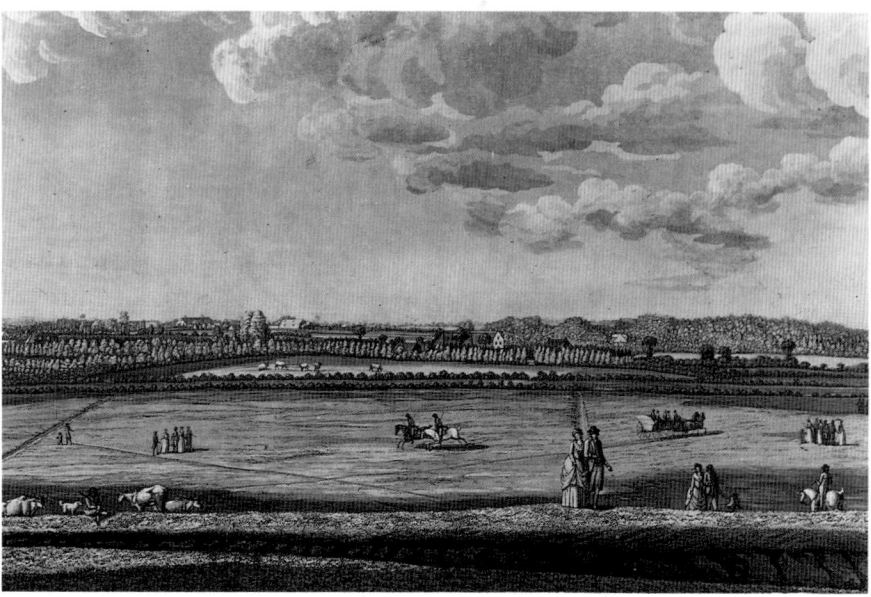

Dieses früheste bekannte Bildnis Eimsbüttels zeigt die Ansicht der Landschaft am Ende des 18. Jahrhunderts. Der Künstler gab dem Bild den Titel: „Prospekt des angenehmen Lust Dorfs Eimsbüttel nebst dem Schäferkamp bey Hamburg".

lich des Hinschenhofes befand sich der dritte Hof, dort, wo die Osterstraße heute über den Heußweg hinaus nach Nordwesten verläuft.

Im Gegensatz zu den beiden anderen Höfen ist auf diesem Anwesen die Landwirtschaft nicht lange betrieben worden, schon 1722 wurden die Ländereien des Gehöfts parzelliert.

Verbunden wurden die drei Höfe durch einen Weg, dessen Verlauf in etwa dem Heußweg entsprach. Komplettiert wurde dieses Ur-Eimsbüttel durch die vier Kätnerhöfe, von denen zwei nordöstlich und zwei südwestlich der Vollhöfe lagen. Die beiden ältesten Brinksitzerstellen befanden sich südlich der Fruchtallee.

Die Hamburgischen Landesgrenzen gegen Ottensen und gegen Pinneberg galten gleichermaßen als die Grenze Eimsbüttels im Westen und Norden. Die östliche Grenze bis zum Gehölz am Weiher war der Lauf der Ottersbek und in der Verlängerung über den jetzigen Eppendorfer Weg hinaus der Scheideweg, dessen Name noch heute an diese Grenzziehung erinnert.

Auch der Süden Eimsbüttels hatte eine naturgegebene Grenze - den Ise-

bek. Die Hochdeutsche Übersetzung dieses Namens bedeutet „Eisenbach", ein Name, der auf den hohen Eisengehalt des Wassers hinweist, der vielleicht dem vielen Schwefeleisen am Langenfelder Salzgebirge entstammt, wo ein Nebenbach des Isebek entsprang. Dieses Eisen ist stellenweise im Isebektal als festes Raseneisenerz wieder abgesetzt.

Der Isebek floß aus dem Diebsteich ab und nahm seinen Verlauf in westliche Richtung zur Alster hin. In vielen malerischen Windungen schlängelte sich der Bach durch sein mooriges Tal. Deshalb wurde er auch ursprünglich Mortranterbek genannt (abgeleitet vom altenglischen „to trant" = sich drehen, wenden). So lag Eimsbüttel weit vom städtischen Leben entfernt.

Das Dorf

Die älteste Schule Eimsbüttels, erbaut 1693, abgerissen 1887 und bis 1882 für den Unterricht genutzt, bis ihre Kapazität endgültig nicht mehr für die Beschulung der vielen Kinder ausreichte. Sie stand an der Ecke Schulweg/Osterstraße.

Veränderungen vollzogen sich in Eimsbüttel äußerst gemächlich. Wer hätte Veränderungen auch forcieren sollen und zu welchem Zweck? Man bildete ja noch nicht einmal eine richtige dörfliche Gemeinde, die Zahl der Häuser wuchs jahrhundertelang nur um einige wenige Brinksitzerstellen. Es mangelte an einem historischen oder kulturellen Mittelpunkt, denn es gab in Eimsbüttel weder eine Kirche noch einen Friedhof oder einen unweigerlichen Treffpunkt, wie es ein Laden, ein Wirtshaus oder eine Mühle gewesen wäre.

Kirchlich betreut wurden die Eimsbüttler von St. Johannis in Eppendorf. Wer von ihnen zum Gottesdienst wollte, mußte die Strapazen eines Weges auf sich nehmen, dessen Verlauf noch heute in den Straßenzügen Schulweg, Im Gehölz, Gärtnerstraße und Abendrothsweg nachzuvollziehen ist. Der Heimatforscher Prof. Dr. Sieveking berichtet in seiner „Eimsbüttler Chronik" von den Mühen der Konfirmanden, zu ihrem Unterricht zu gelangen: Bei Schneetreiben und Ostwind mußte der Lehrer seinen Schülern vorangehen, um Spuren in den Schnee zu treten.

Die einzige Verbindung zur Stadt Hamburg bot der Weg auf dem Verlauf Fruchtallee - Eimsbütteler Chaussee - Schulterblatt - Millerntor. Nach Norden führte der Stellinger Weg ins Holsteinische hinein. Abgesehen von diesen Ausfallstraßen und dem Kirchenweg nach Eppendorf gab es nur noch zwei Wege in Eimsbüttel - den Heußweg und die Eichenstraße.

Trotz des abgeschiedenen und wenig abwechslungsreichen Daseins hätten die Bewohner der Ansiedlung jedoch sicher gern auf jene Art Kurz-

weil verzichtet, die ihnen einige Male durch den unmittelbaren Kontakt mit militärischen Großereignissen zuteil wurde.

So forderten die Schrecken des Dreißigjährigen Krieges auch von den Eimsbüttler Bauern ihren Tribut: Am 28. August 1627 gelangten die kaiserlichen Armeen unter Wallenstein und Tilly nach Hamburg und errichteten auf der Flur zwischen Lokstedt, Eimsbüttel und Eppendorf ein Zwischenlager auf ihrem Weg nach Norden. Die Verpflegung der Truppen erfolgte nach bewährtem Muster - was sich greifen ließ, wurde weggeschleppt, wer von den Einwohnern Einspruch erhob, kam im günstigsten Falle mit Prügel davon.

Knapp 60 Jahre später diente man erneut unfreiwillig als Heerlager. Eimsbüttel war bis weit in die zweite Hälfte des 19. Jahrhunderts hinein Grenzgebiet zwischen Dänemark und Hamburg und somit mehr als einmal Schauplatz der ständigen Reibereien zwischen diesen beiden rivalisierenden Mächten.

Im August 1686 versuchte der dänische König Christian V. eine Entscheidung dieses Dauerkonflikts zu

erzwingen. 16.000 Mann führte er gegen Hamburg ins Feld. Sein Hauptquartier errichtete er gegenüber des am heftigsten umkämpften Bollwerks der Stadt, der Sternschanze - mitten in Eimsbüttel. Die Schlacht währte vom 21. bis zum 25. August. Allen strategischen Überlegungen zum Trotz mußte der König ohne den kalkulierten Sieg das Feld räumen. Mehr als 1.000 seiner Männer hatten diese Fehlspekulation mit dem Leben oder ihrer Gesundheit teuer bezahlt.

Langsam, sehr langsam begann sich Eimsbüttel zu verändern. Zwar war die Zahl der Einwohner und Häuser um die Wende des 17. zum 18. Jahrhundert noch immer nicht wesentlich gestiegen, aber durch die Initiative eines Privatmannes erhielten die Eimsbüttler 1693 ihr erstes öffentliches Gebäude: eine Schule.

Der Stifter, Syndikus Wolder Schele, hatte sie an der Südost-Ecke der heutigen Kreuzung Schulweg/Osterstraße eingerichtet und auch ihren Unterhalt subventioniert. Es war ein kleines, strohgedecktes Haus, das noch bis 1872 als Schule diente und erst 1887 abgebrochen wurde.

Der Grundstein zu einer Dorfgemeinschaft war spätestens mit dem Aufbau der Schule gelegt. Es waren auch nicht länger ausschließlich Bauern, die die Bevölkerung Eimsbüttels bildeten. Mehrere der neu hinzugezogenen Brinksitzer betätigten sich als Handwerker. Einige dieser frühen Betriebe, wie eine Bäckerei und eine Schmiede, lassen sich schon zu dieser Zeit im Grundbuch nachweisen.

Und ganz allmählich begann ein Trend, der das Gesicht der Landschaft Eimsbüttels zum ersten Mal in ihrer Geschichte entscheidend veränderte. Einige vermögende Familien aus Hamburg, Kaufleute und Ratsherren, entdeckten die idyllische und doch noch in relativer Stadtnähe gelegene Gegend als Sommerfrische. Sie kauften Grundstücke, auf denen sie gepflegte Parks anlegten und prächtige Villen bauten, die teilweise nur in den Sommermonaten von ihnen bewohnt wurden. Viele der Straßen, die heute über die einstigen Landsitze führen, tragen den Namen der damaligen Besitzer: Doormannsweg, Lappenbergsallee, Lutterothstraße, Lastropsweg, Faberstraße, Alardusstraße.

Eimsbüttel avancierte zum Ziel mondäner Landpartien. Die Eröffnung eines Gasthauses der gehobenen Kategorie war da nur eine Frage der Zeit. Am 27. 10. 1784 wurde der an der Ecke Heußweg/Eichenstraße gelegene Kätnerhof (Hauptgebäude heute: Wiesenstraße 47) vom Vorbesitzer Hans Andreas Dreyer auf Peter Rudolph Christian Heuß aus Hamburg überschrieben - ein denkwürdiges Datum in der Geschichte der Eimsbüttler Gastronomie. Der neue Besitzer schuf den „Heußhof", ein Gasthaus von erster Güte und überregionalem Ruf.

Unter den Stammgästen befanden sich nicht nur die Mitglieder der noblen Hamburger Gesellschaft. Auch viele französische Emigranten zählten zum Publikum, die im Heußhof

Oben: Der Heußhof von der Westseite. Das Gebäude auf dem Bild ist bereits jenes, das nach dem Brand von 1809 wieder aufgebaut wurde. Das Etablissement lag in einer prächtigen Gartenanlage, in der man gern „lustwandelte".

Unten: Am Giebel des Heußhofes kündet die Jahreszahl vom Alter dieses Traditionsbaus.

1792 sogar ihren Nationalfeiertag begingen, wobei die Genüsse der erlesenen Heuß'schen Speisen den Schmerz über den Verlust der Heimat gelindert haben mögen.

1798 geriet Heuß in Schwierigkeiten. Er bewirtete eine große Zahl jüdischer Gäste, was von anderen Kreisen seiner Kundschaft als unmögliches Verhalten bewertet wurde. Von diesen Kreisen unter Druck gesetzt, ließ sich Heuß, dem - wie den meisten Menschen - ein florierender Betrieb wichtiger war als die Demonstration von Zivilcourage, dazu animieren, Juden sein Haus zu verbieten. Die Folge war ein mehrjähriger, erbittert geführter Flugschriftenkrieg, der die Gesundheit des Wirts völlig zerrüttete und erst mit seinem Tod 1801 ein Ende fand.

Seine Tochter führte die Geschäfte des Heußhofs gemeinsam mit ihrem Mann weiter. Auch das neue Wirtspaar

Das jetzige Gebäude des Heußhofes an der Wiesenstraße Nr. 47 von der Rückseite aus betrachtet - noch immer an gleicher Stelle wie einst, wenn auch nicht mehr mit dem originalen Gemäuer. Aus dem Heußhof ist ein komfortables Wohnhaus geworden, die Parkanlage zu einem - trotzdem entzückenden - Ziergärtchen geschrumpft.

blieb nicht von Rückschlägen verschont. In der Nacht vom 4. auf den 5. August 1809 brach im Zimmer eines Gastes namens Heckscher ein Brand aus, dem das ganze Gebäude zum Opfer fiel.

Doch schon bald erstand der Heußhof in neuer Pracht inmitten der parkähnlichen Gartenanlage. Der ehemals halbrunde, säulengetragene Vorbau war einem ebenfalls säulengestützten Spitzdach mit dreieckiger Giebelfront gewichen. Die Beliebtheit des Gasthauses und die Qualität seiner Küche jedoch waren geblieben. Mit Brand und Neubeginn erlebte der Heußhof etwas, das fast dem ganzen übrigen Eimsbüttel nur fünf Jahre später widerfahren sollte...

Hamburg war seit Dezember 1810 eine französische Stadt. Obwohl 1812 die „Grande Armee" Napoleons in Rußland ihr eisiges Debakel erlebt hatte und Hamburg im Frühjahr 1813 durch die Kosaken Tettenborns vorübergehend befreit worden war, gelang es dem Kaiser, innerhalb weniger Wochen halb ausgebildete Truppen zu mobilisieren, welche die Stadt schon im Mai 1813 zurückeroberten.

Oberbefehlshaber war der Marschall Davout, Fürst von Eckmühl. Sein Auftrag lautete, Hamburg um jeden Preis zu halten. Seine Maßnahmen waren dementsprechend drastisch. Um eine bei einer Belagerung der Stadt zu befürchtende Hungersnot und den damit meist verbundenen Widerstand unter der Bevölkerung von vornherein zu vermeiden, wurden ausnahmslos alle Hamburger, die sich nicht nachweislich auf eigene Kosten für sechs Monate verproviantieren konnten, gnadenlos aus der Stadt gejagt. Es war tiefster Winter. Mehr als 1.000 der Verjagten, die nicht mehr mitnehmen durften, als sie tragen konnten (die meisten von ihnen besaßen wohl auch nicht mehr), starben vor den Toren ihrer Stadt an Hunger und Kälte.

Auch die nächste Maßnahme zeugte von dem kompromißlosen Durchhaltewillen des Marschalls. Um die befestigte Sternschanze besser verteidigen zu können, wünschte er ein freies Schußfeld. Eimsbüttel war da leider im Weg.

Während der Monate Dezember 1813 und Januar 1814 wurde das Dorf von den Franzosen kurzerhand abgefackelt, hohe Bäume wurden gefällt. Schon vorher hatte es überall um Hamburg herum, auch auf Eimsbütteler Gelände, kleinere Gefechte gegeben, in deren Verlauf mal die Russen, mal die Franzosen die Oberhand gewannen. Bereits während dieser Kampfhandlungen waren einzelne Gebäude in Flammen aufgegangen und das Eigentum der Bewohner beschlagnahmt oder schlicht geraubt worden. Nach dem Ende der Besatzung wurden exakte Verlustprotokolle aufgenommen. Es zeigte sich, daß in Eimsbüttel neben Wertgegenständen, Vieh und Erntevorräten sogar die Fiedel des Schulmeisters abhanden gekommen war.

Nur zwei Häuser entgingen der Vernichtung. Eines davon war der Heußhof, und fortan hielt sich hartnäckig die Kunde, das Gasthaus sei nur deswegen von den Franzosen verschont geblieben, weil sie während der Besatzungsjahre selbst so oft als Gäste die exquisite Küche des Hauses genossen und als Söhne Frankreichs eben traditionell für gutes Essen etwas übrig hatten.

Das andere unzerstörte Haus war das Hauptgebäude des ehemaligen Vollhofes, der schon 1722 aufgeteilt worden war. Das Haus gehörte dem Hamburger Senator und späteren Bürgermeister C.M. Schröder, der allerdings während der Kämpfe nicht vor Ort weilte - er hatte sich auf sein Gut Ruheleben bei Plön zurückgezogen.

Der Schröder'sche Hof stand in unmittelbarer Nachbarschaft zum Heußhof, in der Nähe der Grenze zwischen Eimsbüttel und Langenfelde. In dieser Grenznähe liegt wohl begründet, daß die beiden Häuser die Kämpfe überstanden: In Langenfelde lagerten russische Truppen und Schröders Haus war von dort aus das erste Gebäude, welches die Russen betraten, als ihnen ein überraschender Gegenangriff gelang.

Am 30. Mai 1814 mußte Davout, ungeachtet seiner Order, die Festung Hamburg aufgeben. Die Franzosen zogen ab. In Eimsbüttel begannen die Einwohner mit dem Wiederaufbau ihres Heimatdorfes. Denn ein Dorf war es mittlerweile doch geworden: Klein zwar, aber mit neuen Wegen, einer Schule, einigen kleinen Handwerksbetrieben und einer Gemeinschaft, die bereits 1810 - also schon vor der Zerstörung - 364 Personen zählte. Dieses Dorf ließ sich nicht mehr ausradieren.

Auch die beiden „Ur-Häuser" Eimsbüttels, die Vollhöfe Schacht und Hinsch, erstanden neu. Den Neubau

Französische Schanzarbeiten am Brooktorwall. Marschall Davouts Truppen bereiten die Belagerung vor (nach einem Aquarell von C. Suhr).

Heußweg Nr. 9-11, um 1911: Die Gebäude gehörten ursprünglich zum Hinschenhof, der noch im selben Jahr abgerissen wurde.

des Hinschenhofes führte für ihre Kinder die Witwe Anna Margarete Hinsch durch, was in jenen Tagen und in ihrer Lage sicher keine leichte Aufgabe war. Am Südgiebel des Neubaus ließ sie drei auf dem Schlachtfeld aufgefundene Kanonenkugeln einmauern - der harten Zeit zum Gedenken, welche die Eimsbüttler endlich überstanden hatten.

R. S. oben: Die Vertreibung der Armen aus der Stadt durch die Franzosen im Dezember 1813 (nach einem Aquarell von C. Suhr).

R. S. unten: Das Abbrennen der Vorstädte 1813/14. Hier brennt es vor dem Dammtor, die entsetzten Zuschauer stehen auf dem Jungfernstieg. Rechts ist die Windmühle zu sehen, die östlich der Lombardsbrücke stand (nach einem Aquarell von C. Suhr).

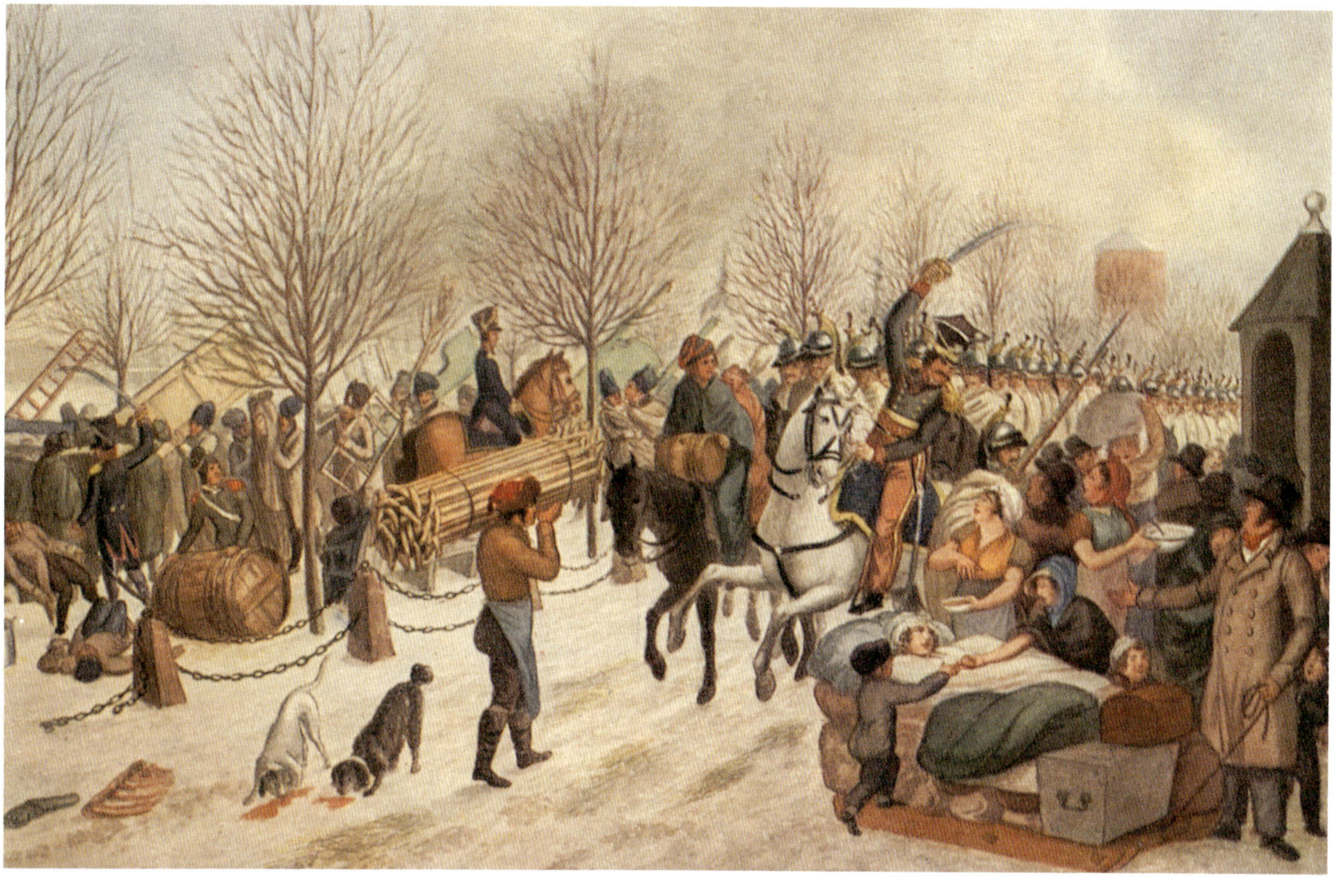

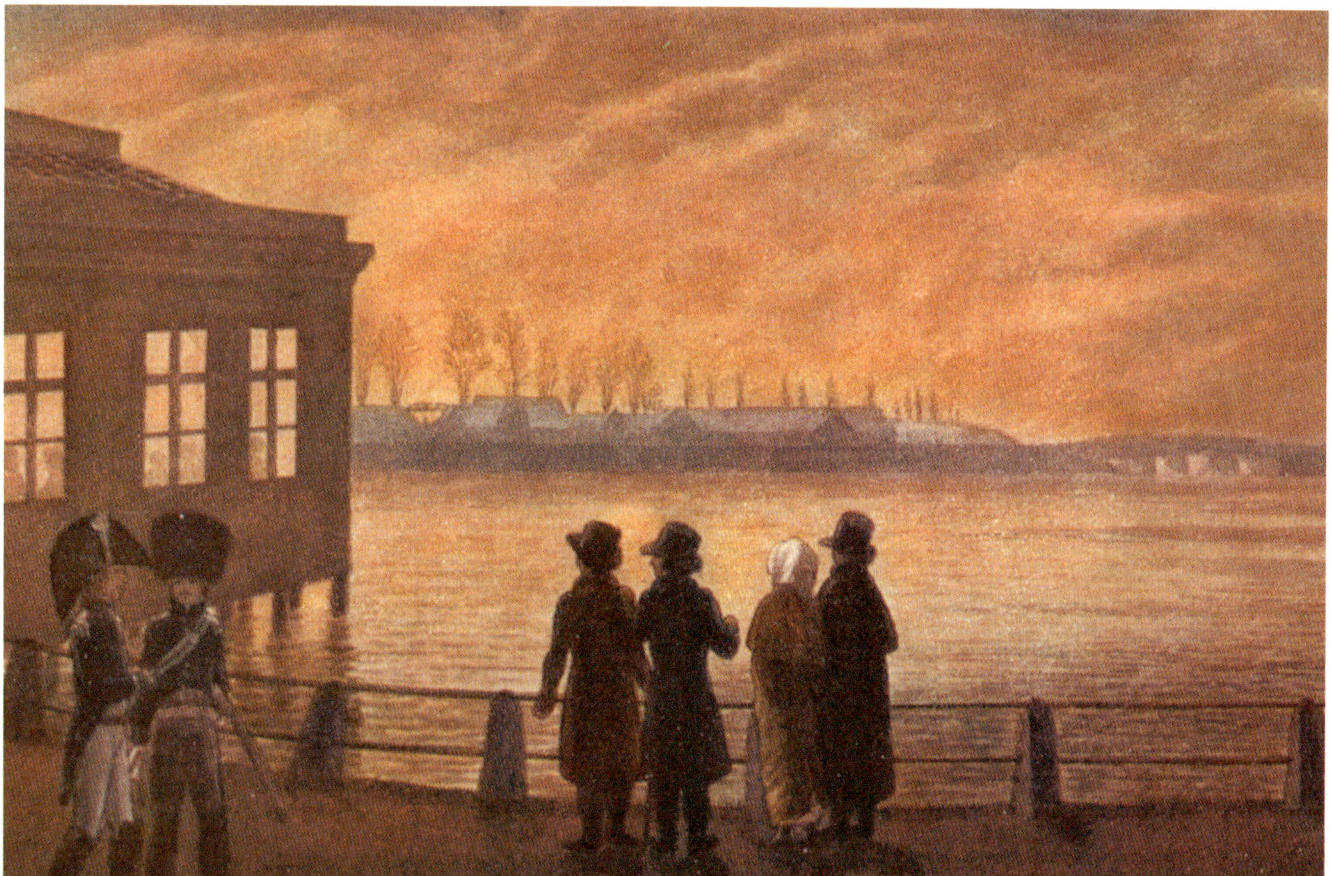

Die Sommerfrische

Ein kleines Dorf blieb Eimsbüttel zunächst auch in den Jahren nach der Franzosenzeit. Vielleicht war es gerade deshalb als Ausflugsziel so attraktiv. Auch die reichen Sommergäste kamen wieder, trotz des Verlustes ihrer Landhäuser. Villen und Parks entstanden neu, mondäne Gesellschaften wurden gegeben. Im Heußhof etablierten sich elitäre Zirkel wie der „Blücherklub" oder der „Mondscheinklub", ein Verein angesehener Hamburger Bürger, die sich durch einen silbernen Halbmond am Rockkragen auswiesen. Ihre schöngeistigen Versammlungen wurden bei Mondschein abgehalten - selbstverständlich verbunden mit der Einnahme feinster Speisen und erlesener Weine.

Im Heußhof wehte der Hauch der großen Welt. Der Dichter Klopstock weilte hier, und regelmäßig zu Gast war die Witwe des Komponisten Wolfgang Amadeus Mozart, Constanze. Sie war in zweiter Ehe mit dem dänischen Etatsrat v. Nissen verheiratet, der Diplomat in Wien war.

Auf den Reisen zwischen Wien und der dänischen Heimat des Mannes machte das Ehepaar stets im Heußhof Station. So auch im August 1821, als dem Mitinhaber und Wirt Christian F. Heuß ein Sohn geboren wurde. Die berühmte Constanze wurde Patin des Eimsbüttler Wirtssohnes, der von ihr drei goldene Portugaleser erhielt und in Anlehnung an ihren Vornamen Konstantin genannt wurde. Ihm war zwar ein langes, aber nicht unbedingt glückliches Leben beschieden: Konstantin Heuß starb 1911 als letzter seiner mittlerweile völlig verarmten Familie im Alter

Die „Schöne Marianne", Marianne Ruaux. Keines ihrer Bildnisse soll der tatsächlichen Schönheit der sagenhaften Wirtin entsprochen haben, die Heinrich Heine als Hamburger Sehenswürdigkeit pries.

von 90 Jahren im Werk- und Armenhaus zu Barmbek, in das er schon 1876 eingewiesen worden war.

Im Heußhof wurde zweifellos die hochklassigste Restauration geboten, aber er war beileibe nicht mehr die einzige Attraktion Eimsbüttels. Es gab noch eine andere hochkarätige Sensation: *„Seit einigen Jahren ist Eimsbüttel auch noch durch das am andern Ende des Dorfes liegende Wirtshaus der sogenannten schönen Marianne, der Tochter eines Franzosen Ruault (richtig: Ruaux, Anm.d.Verf.), zu einer der beliebtesten Landpartien des Hamburgischen und Altonaischen Publikums, wie aller nach Hamburg kommenden Fremden, geworden. Das Lokal besteht nur aus einem kleinen Haus und Garten, aber die Besitzerin, die zugleich auch die sehr angenehme und gefällige Wirtin ist, zeichnet sich in der Tat durch eine seltene, in keinem der beiden von ihr bis jetzt erschienenen lithographischen Bildnisse erreichten Schönheit ihrer Gestalt und ihrer Gesichtsbil-*

dung aus." (Prof. Dr. Schütz 1827 in der 3. Auflage seines Führers „Hamburg und Hamburgs Umgegenden").

„Mariannenruh", so wurde das Wirtshaus genannt, lag genau genommen nicht in Eimsbüttel, sondern in Langenfelde, auf einem Grundstück westlich des Eimsbütteler Marktplatzes. „Dänisch-Eimsbüttel" wurde die Gegend noch bis über die Mitte des letzten Jahrhunderts hinaus genannt.

Dort, wo sich heute die Asphaltbänder von Eimsbütteler Marktplatz und Kieler Straße ineinander verbeißen, führte also die am 2. 7. 1802 geborene „Schöne Marianne" die Wirtschaft ihres Vaters, der gleichzeitig auf dem Gelände eine Bleicherei betrieb. Die Eltern Ruaux waren aus der Normandie nach Hamburg eingewandert. Auch sie waren während der Franzosenzeit so schwer geschädigt worden, daß ihr Haus verkauft werden mußte. Sie blieben jedoch als Mieter auf dem ehemals eigenen Grundstück und betrieben das Wirtshaus weiter, in dem gute französische Küche geboten wurde.

Die eigentliche Attraktion aber war die Tochter. Der Ruf ihrer Schönheit wurde von den Gästen verbreitet und von Zeitungsschreibern und Reisebuchautoren in alle Welt getragen. Der Zeitgenosse Heinrich Heine, der in den „Memoiren des Herrn Schnabelewopski" seinen Protagonisten die zehn Merkwürdigkeiten Hamburgs aufzählen läßt, vermerkt die Wirtin dabei nach Rathaus und Börse gleich an dritter Stelle: *„Die schöne Marianne, ein außergewöhnlich schönes Frauenzimmer, woran der Zahn der Zeit schon seit zwanzig Jahren kaut - nebenbei gesagt, ‚der Zahn der Zeit' ist eine schlechte Metapher; denn sie ist so alt, daß sie gewiß keine Zähne mehr hat, nämlich die Zeit - die schöne Marianne hat vielmehr jetzt noch alle ihre Zähne und noch immer Haare darauf, nämlich auf den Zähnen."*

Ein regelrechter Mariannenkult brach aus. Andere Wirte versuchten

Eimsbütteler Marktplatz um 1870, morastig nach Regenfällen und zerpflügt von den Rädern der Pferdeomnibusse. Der Standpunkt des Fotografen ist etwa auf der Höhe von Eduardstraße und Faberstraße, die Blickrichtung geht zur Kieler Straße.

Heute würde man auf dem Eimsbütteler Marktplatz keine nassen Füße mehr bekommen. Allerdings sollte man auch von dem Versuch absehen, ihn in seiner Mitte zu Fuß zu überqueren...

den kommerziellen Erfolg der Ruaux' zu kopieren, indem sie ihre Gäste von herausgeputzten „Marianne" bedienen ließen. Volkstümliche Schwänke um Mariannes Person wurden geschrieben und zur Aufführung gebracht, Lieder wurden ihr gesungen. Das Maß der öffentlichen Verehrung

für die Wirtin läßt sich noch am ehesten mit der heutzutage auftretenden Massenhysterie beim Erscheinen eines Popstars vergleichen.

Während der Tage, an denen auf der Fläche des Eimsbütteler Marktplatzes der Markt abgehalten wurde, war der Andrang zur „Mariannenruh"

trotz eines erhobenen Eintrittsgeldes oft so groß, daß eigens abkommandierte Dragoner die Ordnung aufrechterhalten mußten. Armin Clasen, Autor einer Marianne-Biographie, bezeichnet dies schmunzelnd als „die wohl erste polizeiliche Verkehrsregelung in Alt-Eimsbüttel"...

Allein, obwohl sie dem „Zahn der Zeit" einiges entgegenzusetzen hatte, wie Heine ja glaubwürdig bezeugt, währte auch Mariannes große Zeit nicht ewig. Ihrer gerühmten Tugend zum Trotz hatte sie ein Verhältnis mit einem jungen Hamburger Kaufmann aus angesehener Familie. Marianne wurde schwanger - der betuchte Geliebte schiffte sich flugs nach Amerika ein, blieb dort und ließ nichts mehr von sich hören. Die Wirtin verheimlichte ihr Kind, um ihrem Ruf und damit dem Geschäft nicht zu schaden. Sie schloß das legendäre „Mariannenruh" und eröffnete 1831 ein neues Lokal an der Fruchtallee unweit des heutigen Doormannwegs in einem Haus, das einst dem Weinhändler Doormann gehört hatte und von diesem an einen Bleicher vermietet worden war.

In Eimsbüttel existierten mittlerweile schon fünf Wirtshäuser. Sogar die sagenhafte Marianne begann unter dieser Konkurrenz zu leiden. Sie heiratete einen Leipziger Kaufmann namens Schindler und zog nach Hamburg, wo sie gemeinsam mit ihrem Mann zunächst eine Restauration in der Dammtorstraße, später das Hotel „Rheinischer Hof" in der Hamburger ABC-Straße Nr. 56 führte.

Eimsbüttels Ruf als verträumtes, aber nobles Dorf war derart verbreitet, daß es sogar als Kulisse für ein berühmtes Stück Literatur benutzt wurde. Thomas Mann läßt in seinen „Buddenbrooks" die Tochter des Senators mit ihrem frischgebackenen Ehemann, dem Kaufmann Grünlich, nach Eimsbüttel ziehen: *„Die Wohnungsfrage ward brieflich geordnet. Tony, die sich ganz außerordentlich*

Der Landsitz des Weinhändlers Wehber, gelegen an der Ecke Emilienstraße/Fruchtallee, von der Rückseite aus betrachtet. Die prachtvolle Gartenanlage bildete den Grundstock für den heutigen öffentlichen Park, der noch immer Wehbers Namen trägt.

auf das Leben in einer Großstadt freute, gab dem Wunsche Ausdruck, sich im Innern Hamburgs niederzulassen, wo ja auch - und zwar in der Spitalerstaße - sich Herrn Grünlichs Kontore befanden. Allein der Bräutigam erlangte mit männlicher Beharrlichkeit die Ermächtigung zum Ankaufe einer Villa vor der Stadt, bei Eimsbüttel... in romantischer und weltentrückter Lage, als idyllisches Nestchen so recht geeignet für ein junges Ehepaar" (dieser Teil des Romans spielt in den Jahren 1845/46).

Wie es Herr Grünlich so „männlich beharrlich" durchsetzt, wird die Villa gekauft. Die Beschreibung des Hausinneren, wie sie die eben vermählte junge Frau in einem Brief an ihre Mutter liefert, kann als typisch für die großzügige Pracht der Eimsbüttler Landsitze gelten: „*Unsere Villa, die ich Dir schon eingehend beschrieb, liebe Mama, ist wirklich sehr hübsch und hat sich durch neuerliche Möbelanschaffungen noch verschönert. Gegen den Salon im Hochparterre hättest du nichts einzuwenden: ganz in brauner Seide. Das Eßzimmer nebenan ist sehr hübsch getäfelt; die Stühle haben 25 Kurantmark das Stück gekostet. Ich sitz im Pensée-zimmer, das als Wohnstube dient. Dann ist da noch ein Rauch- und ein Spielkabinett. Der Saal, der jenseits des Korridors die andere Hälfte des Parterres einnimmt, hat jetzt noch gelbe Stores bekommen und nimmt sich vornehm aus. Oben sind Schlaf-, Bade-, Ankleide- und Dienerschafts-zimmer. Für den gelben Wagen haben wir einen kleinen Groom. Mit den beiden Mädchen bin ich ziemlich zufrieden. Ich weiß nicht, ob sie ganz ehrlich sind; aber Gott sei Dank brauche ich ja nicht auf jeden Dreier zu sehen.*"

In ihrem letzten Ausspruch irrt Antonie sich leider mächtig, denn nur wenig später offenbart sich der Bankrott ihres Gatten, worauf der entrüstete Vater Buddenbrook seine Tochter in einer dramatischen Szene aus der Villa zurück in den Schoß der Familie beordert. Womit das Eimsbüttler Intermezzo in den Sphären der Weltliteratur ein jähes Ende gefunden hatte ...

1830 endete die jahrhundertelange Liaison Eimsbüttels mit dem St. Johannis-Kloster. Die Dorfschaft kam unter die Verwaltung der Landherrenschaft der Geestlande. Das Bild des Dorfes begann sich jetzt etwas schneller zu ändern. Durch die Furt des Isebek wurde eine gepflasterte Chaussee nach Altona angelegt, deren Kosten über eine Mautpflicht bestritten wurden. Am 1. Januar 1832 begannen die Einnahmen zu fließen. Vom Ausflugslokal „Belle-Alliance" bis zum Sommerrestaurant Sauerland am Eimsbütteler Marktplatz an der Grenze zwischen Hamburg und Altona wurde ebenfalls eine Chaussee gebaut.

Das beliebte Gasthaus „Belle-Alliance" lag auf dem spitzen Grundstück in der Gabelung Eimsbütteler Chaussee/Eimsbütteler Straße und war nach dem Gehöft südlich von Brüssel benannt, bei dem die vereinigten Heere Blüchers und Wellingtons am 18. Juni 1815 die entscheidende Schlacht gegen Napoleons Armee gewonnen hatten (Wellington zog die Bezeichnung des Schlachtfeldes nach dem Namen seines Hauptquartiers Waterloo vor).

Die meisten anderen „Straßen" Eimsbüttels waren jedoch noch unbefestigte Wege, die bei anhaltendem Regen tief und morastig und bisweilen unpassierbar wurden. Obwohl regelmäßig Markt abgehalten wurde und zahlreiche Ausflügler das Dorf besuchten, gab es keine öffentliche Verkehrsverbindung zur Stadt. Entweder ging man zu Fuß oder fuhr mit dem eigenen Fahrzeug.

Das galt natürlich auch für die reichen Besitzer der Landsitze. Mathilde Lutteroth (1850-1940) beschrieb im Alter von 89 Jahren ihre Jugenderinnerungen an den Eimsbüttler Sommersitz des Großvaters, der täglich das Kontor von Lutteroth & Co. im Wandrahmhaus am Hafen aufsuchte. Der Manager von damals fuhr so zur Arbeit: „*Dieser geräumige Wagen der Großeltern hatte an der Rückseite*

Heute ist ein Kindergarten in die Villa Wehber (hier die Vorderansicht) eingezogen, deren Garten ...

... der Öffentlichkeit als Park zugänglich gemacht wurde. Und wenn im Planschbecken gerade mal kein Wasser ist, kann man es auch prima als Motodrom benutzen.

13

So malerisch bot sich der Eimsbütteler Park noch um die Jahrhundertwende dem Betrachter. Noch wenige Jahre zuvor befand sich das Gelände im privaten Besitz der Familie Lutteroth.

Die ganz prächtigen Villen sind Geschichte, aber gediegen wohnt man hinter dem Park am Weiher noch immer - zum Beispiel an der Ottersbekallee Nr. 19, wo die berankte Veranda an ein Dornröschenschloß erinnert.

stets einen geräumigen Dienersitz, auf welchem der jeweilige Diener ‚Friedrich' paradierte in einer dem Kutscher gleichen Livrée von kräftigem Grün mit Silbertressen, silbernen, mit einem ‚L' versehenen Knöpfen und silberbordiertem Zylinderhute.“

Ab 1835 ließ der Unternehmer J.H. Burmester, der eine Personenverkehrs-Linie zwischen Hamburg und Eppendorf betrieb, Kutschen an den Markttagen zwischen Eimsbüttel und der Stadt verkehren. Am 19. Juni 1840 war es endlich soweit: Die erste reguläre Omnibuslinie nach Eimsbüttel wurde eröffnet. Den Bus der Firma Basson zogen zwei Pferde. Er hatte unten eine geschlossene Kabine und oben eine mit einem Schutzdach versehene Plattform.

Die Linie wurde über Schlump und Kleiner Schäferkamp zum Gasthaus „Belle-Alliance“ geführt, von dort bis zur Endstation am Sandweg, an dessen Nordende der alte Dorfteich lag. Der Fahrpreis für eine Tour betrug fünf Pfennige.

Der Chronist Sieveking berichtet: „Die auch auf dieses Verkehrsmittel übertragene ländliche Geruhsamkeit ließ es vorkommen, daß ein Omnibus gelegentlich sogar Privatfahrten als Extratour für Fahrgäste unternahm, z.B. bei schlechtem Wetter zum Ballsaal, zur Wohnung und dergleichen.“

Eimsbüttel war noch immer ein Dorf, dessen Lebensrhythmus in der Tat „ländlich geruhsam“ verlief. Aber mit der Eröffnung der Omnibuslinie war die Stadt wieder ein wenig näher an das Dorf herangerückt. Landschaftlich immer noch schön gelegen, war Eimsbüttel doch nicht mehr als Ausflugsziel so gefragt wie einst. Vielleicht gehörte es schon zu unmittelbar zur Peripherie der Stadt, um noch exotisch zu sein. Selbst der legendäre Heußhof wurde 1860 von seinem letzten Wirt, Johann Joachim Dobbertin, endgültig geschlossen. Das herrliche Parkgrundstück wurde parzelliert, die

Das Stadthaus an der Ottersbekallee 11 zieren liebevoll ausgeführte Details. Mild lächelnd blickt eine Gipsbüste auf den Eintretenden.

R. S.: Ottersbekallee 21. Von den Balkonen der Wohnungen schaut man direkt auf den Park Am Weiher - ein gelungener Kompromiß zwischen urbanem und naturverbundenem Wohnen.

Hofgebäude wurden abgebrochen. Das Haupthaus allerdings blieb - wenn auch stark verändert - erhalten. Es wurde 1876 zum Wohnhaus umgebaut und überstand auch, trotz Bombenschäden, den Zweiten Weltkrieg. Noch heute steht es an der Wiesenstraße 47.

Noch zählte Eimsbüttel nur einige hundert Einwohner. Zwar hatte der große Hamburger Brand 1842 einige neue Mitbürger in das Dorf gebracht, die durch die Katastrophe obdachlos geworden waren. Aber es waren vor allem zwei andere Ereignisse, in deren Folge sich Eimsbüttel in den wenigen Jahren bis zur Jahrhundertwende radikaler veränderte als in den tausenden von Jahren zuvor.

Oasen in der Stadt, ruhe- und schattenspendend werden sie an heißen Sommertagen zum wichtigsten „Zimmer" der Wohnung: Die Balkone an der Ottersbekallee 23-25.

Dr. Rothenburgs „Asyl für Gemüths- und Nervenkranke" wußte man sicher lieber etwas außerhalb der Stadt. Es lag ja auch beruhigend weit vor den Toren Hamburgs, an der Eimsbütteler Chaussee. 1852 war dies noch eine idyllische Adresse.

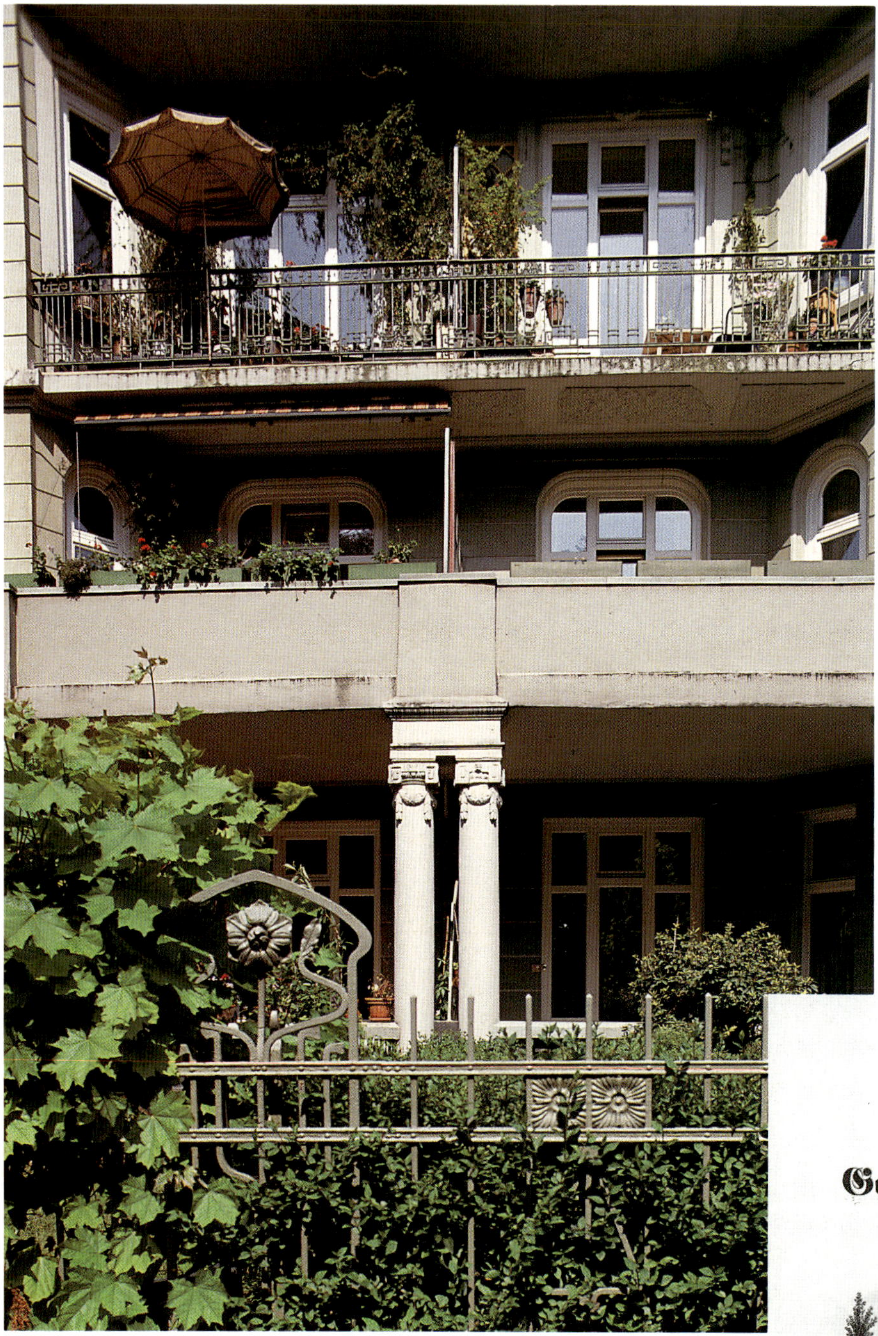

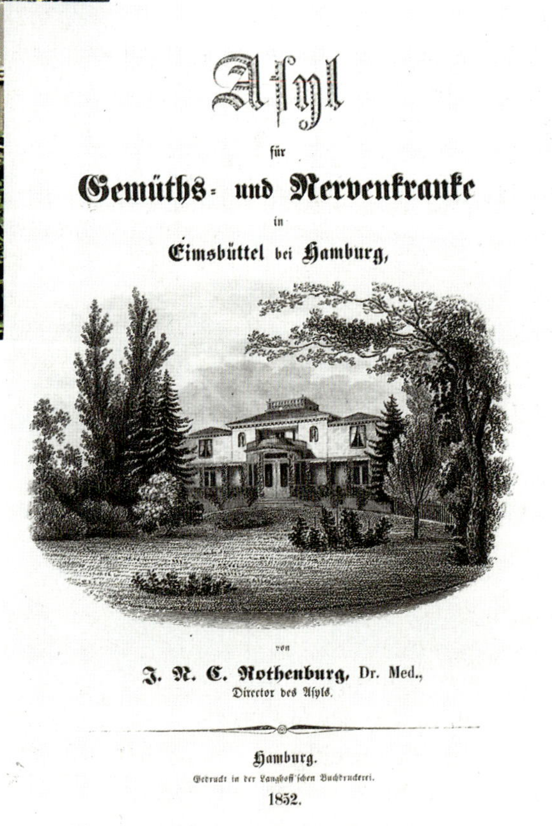

Asyl

für

Gemüths- und Nervenkranke

in

Eimsbüttel bei Hamburg,

von

J. N. C. Rothenburg, Dr. Med.,

Director des Asyls.

Hamburg.

Gedruckt in der Langhoff'schen Buchdruckerei.

1852.

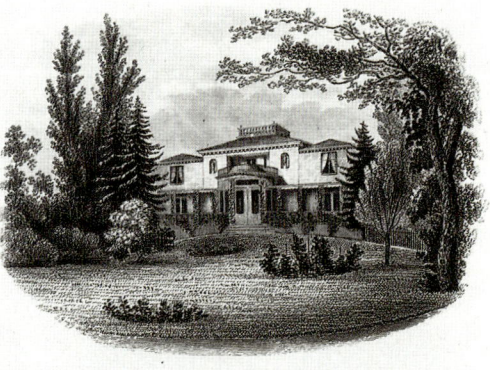

Der Boom

In der Nacht vom 31.12.1860 zum 1.1.1861 endete mit der Aufhebung der Hamburger Torsperre die jahrhundertelange Begrenzung des städtischen Lebens auf das Areal innerhalb der Wallanlagen. Zuvor waren die Stadttore jeden Abend verschlossen worden; es bestand zwar für spät Verkehrende die Möglichkeit, sich den Durchgang öffnen zu lassen, aber das wurde mit einer Gebühr belegt.

Wer seinen Arbeitsplatz im Innern der Stadt - beispielsweise am Hafen - hatte und keine eigene Equipage besaß, mit der sich der Arbeitsweg schnell hätte zurücklegen lassen, hätte bei einem Wohnsitz außerhalb der Stadt wohl täglich mindestens einmal diese Sperrgebühr zahlen müssen. Aber nun war das alte Stadtgebiet Hamburgs längst zu klein geworden für die Massen der Bewohner.

Militärisch hatte der begrenzende Wallring ohnehin schon seit den Tagen der französischen Besetzung ausgespielt, es gab also auch keinen Grund mehr, die Flächen vor den Befestigungsanlagen als Schußfeld freizuhalten. Die Stadt wuchs über den Wall hinaus und kroch auf die umliegenden Dörfer zu.

In dem Dreieck zwischen Eimsbütteler Chaussee, Altonaer Straße, Kleinem Schäferkamp und Schäferkampsallee liegt der älteste Teil der Eimsbüttler Stadterweiterungsgebiete, entstanden in den Jahren 1860-70.

Zunächst bestanden noch Ambitionen, auf dem Neuland ein vornehmes Wohnviertel mit bürgerlichen Reihen-Stadthäusern zu bauen, repräsentativ und geziert von hübschen Vorgärten, so wie es gleichzeitig in den ebenfalls neuen Stadterweiterungsgebieten Rotherbaum und Harvestehude

Die Folgen der Bebauung trotz ungünstigen Grundes ist an vielen Stellen entlang des ehemaligen Verlaufes des Isebek sichtbar, nicht nur wie hier am Haus Vereinsstraße Nr. 85.

geschah. Schon um 1870 jedoch war das Geschäft mit den Bodenspekulationen in Eimsbüttel derart in Schwung gekommen, daß auf den Grundstücken fast nur noch Mietshäuser gebaut wurden. Um dabei auch die rückwärtigen Grundstücksteile zu nutzen, wurden die charakteristischen Terrassenbauten mit kleinen Wohnungen für finanziell nicht sonderlich bemittelte Leute auf den Hinterhöfen angelegt.

Bauunternehmer schlossen sich zu Konsortien zusammen, Spekulanten machten abenteuerliche, nicht immer seriöse Geschäfte. Ganze Straßenzüge entstanden auf einen Schlag, wo es zuvor weder ein Haus noch überhaupt eine Straße gegeben hatte.

Dabei hat der Baugrund im Tal des Isebek seine Tücken. In der vorletzten Eiszeit lief das Schmelzwasser des Eises zum Teil durch das hierdurch auf etwa 20 Meter vertiefte Isebektal. In der warmen Periode zwischen dieser und der darauffolgenden Eiszeit lagerten sich in diesem Tal ausgedehnte Schichten von Seekrei-

de und Torf ab. Eine Ausbeutung war aufgrund ihrer Tiefenlage unmöglich. Wegen der weichen Beschaffenheit dieser Schichten bilden sie jedoch einen denkbar schlechten Baugrund, der für schwere Gebäude aufwendige Fundamente notwendig macht - ein finanzieller Mehraufwand, der von vielen Bauherren gern vermieden wurde. Man wollte schließlich Geld verdienen.

Die Folgen dieser Unterlassung sind noch heute dort zu beobachten, wo seinerzeit an dem einstigen Lauf des Isebek gebaut wurde: Die Mauern nicht weniger Häuser sind gesprungen und verzogen, vor allem in der um 1870 angelegten Belleancestraße sowie im nördlichen Teil der Lindenallee und der Vereinsstraße.

Die existierenden Bauvorschriften wurden, soweit vorhanden, nicht sehr ernst genommen. Zwar wurde das Baugesetz im Laufe der Jahre reformiert und verschärft, aber da war es schon geschehen: Grotesk zerstückelte Grundstücke, finstere Hinterhöfe und platzsparende Schlitzbauten prägten den Ruf der wilden Bebauung, die auch als „Eimsbüttler Renaissance" bezeichnet wurde...

Die Einwohnerzahl Eimsbüttels betrug 1866 schon 3.082. 1874 wurde aus der Gegend, die nur siebzig Jahre zuvor mit Mühe als Dorf bezeichnet werden konnte, offiziell ein Vorort der Stadt Hamburg. Ein Jahr zuvor lag die Einwohnerzahl bereits bei 6.663, bis 1879 stieg sie auf 14.647 an.

Die Bebauung tilgte zunehmend die dörflichen Charaktermerkmale Eimsbüttels. Den Dorfteich am Nordende des Sandwegs, sommerlicher Badeplatz der Eimsbüttler Jugend, schüttete man 1876 kurzerhand zu. Noch wurde regelmäßig der Kram- und Viehmarkt abgehalten, aber 1895 war auch das vorbei. Die kleine Dorfschule reichte schon lange nicht mehr aus für die Kinder der neu Hinzugezogenen. Am 21.4.1871 wurde an der Osterstraße der Grundstein für einen 400

Um 1900: Blick von der Osterstraße in die Schwenkestraße, erst gute zwanzig Jahre zuvor als „1. Parkstraße" angelegt. An dieser Ecke stand das beschriebene Haus der Familie Spihlmann, das erst 1898 verkauft wurde. Das Bild zeigt die nachfolgende Bebauung, die zum Zeitpunkt der Aufnahme noch ganz neu ist.

Schüler fassenden Neubau gelegt. Handwerk und Handel blühten auf. Sogar die „Schöne Marianne" kehrte zurück.

Marianne Schindler, geborene Ruaux, hatte schwere Jahre hinter sich. Ihr Mann scheiterte mehrmals kläglich mit seinen gastronomischen Projekten und mußte sich 1848 Bankrott erklären. Er überlebte seinen Ruin nur ein knappes Jahr und hinterließ Marianne hohe Schulden und fünf unmündige Kinder. Nur mit der Hilfe einiger alten Freunde aus ihrer guten Zeit überstand sie die Krise.

Mittlerweile 64 Jahre alt, kehrte sie 1866 nach Eimsbüttel zurück und eröffnete ihre letzte Gastwirtschaft an der Fruchtallee 32 (heute steht an gleicher Stelle die Nummer 72, rechts neben dem Bunker zwischen Wehber's Park und Fruchtallee). Erst 1872 setz-

te sie sich zur Ruhe. Marianne Schindler-Ruaux wohnte während ihrer letzten Jahre in der ersten Etage des Hauses Kleiner Schäferkamp 14, wo sie am 4.7.1882 - zwei Tage nach ihrem 80. Geburtstag - verstarb.

Der öffentliche Personenverkehr zu dem neuen Wohngebiet wurde um eine Variante reicher. Im September 1868 fuhr erstmals die Pferdebahn vom Hamburger Rathausmarkt zum Eimsbütteler Markt. Jetzt, da sie Tausende zählten, entwickelten die Bürger des Stadterweiterungsgebietes ein neues Selbstbewußtsein. Kommunale Interessenverbände wurden gegründet, die auf den Senat Druck ausübten, damit die öffentlichen Belange Eimsbüttels Beachtung fanden. Auch der Bau der Bahnlinie war von einem solchen Verein initiiert worden.

1874 wurde Eimsbüttel offiziell zum Vorort Hamburgs erklärt. Städtisch wirkte die Bebauung allerdings bestenfalls bis zur Linie des Straßenzugs Doormannweg - Schulweg. In West-Eimsbüttel dominierte noch immer die Bebauung mit Villen und landwirtschaftlichen Betrieben. Erst in den Jahren 1863/64 war die Osterstraße angelegt worden, wenn auch zunächst nur zwischen Schulweg und Heußweg.

Es dauerte bis 1878, bis man die Osterstraße über den Heußweg hinaus verlängerte (die Verlängerung hieß damals Parkallee), direkt über den nun parzellierten, parkähnlichen ehemaligen Schröder'schen Landsitz hinweg. Schwenckestraße, Hellkamp und Methfesselstraße entstanden gleichzeitig und wurden - etwas einfallslos - 1., 2. und 3. Parkstraße genannt.

Heute präsentiert sich die Ecke deutlich weniger elegant, die Bomben des Zweiten Weltkrieges haben auch hier großen Schaden angerichtet. Übrig blieben von den Gebäuden links nur noch die beiden unteren Stockwerke.

Markig posieren die Männer der Freiwilligen Feuerwehr Eimsbüttels - auch „die Wittkittel" genannt - vor dem Spritzenhaus Ecke Fruchtallee/Eppendorfer Weg. Der verschämt lächelnde Herr in schwarzer Uniform ist nicht etwa der Chef der Truppe, sondern ein Polizist, der die Gelegenheit nutzt, auch einmal fotografiert zu werden.

Selbst nach Anlage dieser Straßenzüge jedoch blieb das Gebiet zunächst von einer wüsten und unkontrollierten Bebauung, wie sie das Schanzenviertel zur gleichen Zeit erlebte, verschont. Dem neuen Bauland wurde die „Villenklausel" auferlegt.

Die Grundstücke waren zwar nicht mehr so riesig wie zu vergangenen Zeiten, aber was die Ausgestaltung der Landsitze anbelangte, gab es noch genug Möglichkeiten zu zeigen, was man hatte.

Ein Mitglied der Familie Spihlmann beschreibt das heimische Anwesen (gelegen etwa an der Ecke Osterstraße/Schwenckestraße): *„Das Spihlmann'sche, sowie das daneben liegende Perger'sche Haus sind ungefähr 1870 erbaut, nach Plänen* des Architekten Hugo Stammann. Was an dem Spihlmann'schen Haus immer besonders imponiert hat, waren die massiven Mahagoni-Fensterrahmen im ganzen Haus, selbst der Kellerfenster. Es war damals ein großer Posten dieser Hölzer angekommen, so daß man sich solchen Luxus erlauben konnte. Zwischen beiden Häusern, die nach der Straße zu einen großen Vorgarten hatten, lag ein Teich, der sich ziemlich weit hinzog und eine kleine Insel bildete, die mit dem ‚Festland' durch zwei Brücken, deren Geländer Rosen berankten, verbunden war. Auf dieser Insel befand sich eine uralte Eiche. Überhaupt waren herrliche alte Bäume auf den Besitzen. Eine alte Akazie lag schräg über dem Wasser und war eine Kletterprobe für die Jugend. Im Teich waren Karpfen, die im Herbst gefischt wurden."

Das ländliche Ambiente hielt sich dort, wo die Anfänge der Besiedlung Eimsbüttels lagen, am längsten. Der Spihlmann'sche Chronist über die Umgebung des Landsitzes: *„Als einzige Verbindung mit der Stadt hatten wir den Basson'schen Omnibus, der von der Ecke Osterstraße/Heußweg abfuhr und als Endstation den Adolphsplatz bei der Börse hatte. An der gegenüberliegenden Ecke Heußweg/Osterstraße war eine herrliche Wiese, in ihrer Mitte stand eine alte Linde. Es waren wohl die Kühe des Bauern Hinsch, die hier weideten und am Abend gemolken wurden.*

Neben dieser Weide lag am Heußweg das Parey'sche Eigentum, jedenfalls älter als die Häuser von Spihlmann und Perger. Der Parey'sche Besitz wurde begrenzt von einem schlechten, schmalen Fahrweg, der zur Emilienstraße führte. An diesem Fahrweg lag Weide und Gemüseland, dann folgte das Eigentum von Ephraim, dessen schönes Haus am Eimsbütteler Marktplatz lag. Im Garten stand ein kleiner Säulentempel, auf dessen Dach eine Aeolsharfe angebracht war.

Diesem Terrain gegenüber am Heuß-weg lagen die kleinen Häuser des Hinschenhofes. In dem ersten befand sich die Krämerei von H.W.Gehrke, als einziges derartiges Geschäft in der ganzen Gegend. Dann folgte der Besitz von Bauer Hinsch, daneben die Stallungen und Scheunen, dann ein Haus (Bewohner unbekannt), neben diesem die zwei gleichen Häuser, die den Brüdern Kohrs (Weinhändler) gehörten, dann das im gotischen Stil erbaute Haus des Direktors der Omnibus-Gesellschaft, Hauptmann C.W.Dircksen. Alles dieses erinnere ich schon im Jahre 1870 als bestehend."

Der Vorort war bis zum Ende der siebziger Jahre des 19. Jahrhunderts auf annähernd 15.000 Einwohner angewachsen, vergleichbar mit der Dimension einer Kleinstadt. Aber noch immer führte der Kirchgang die Gläubigen nach Eppendorf, denn nach wie vor verfügte man nicht über eine eigene Kirche.

So wurde zunächst am 18. September 1880 die erste Eimsbüttler Kirchengemeinde gegründet. Man traf sich zunächst in der Schule an der Osterstraße, aber am 17.9.1882 wurde endlich der Grundstein zum Bau der Christuskirche gelegt, die dort entstand, wo die allermeisten Gemeindemitglieder wohnten: in Ost-Eimsbüttel. Der nach dem Entwurf des Berliner Architekten Otzen ausgeführte Backsteinbau erhielt einen Turm von 46 Metern Höhe und wurde am 21. Januar 1886 feierlich eingeweiht.

Mittlerweile hatte sich die Einwohnerzahl wieder einmal verdoppelt. Das zweite für die rasante Besiedlung Eimsbüttels verantwortliche historische Ereignis hatte stattgefunden. In Hamburg wurde ein Jahrhundertprojekt verwirklicht: In den Jahren zwischen 1884 und 1888 wurden der Freihafen und die Speicherstadt gebaut. Man benötigte dafür ausgedehnte Flächen, und zwar ausgerechnet dort, wo Hamburg seinen Ursprung hatte und wo die ältesten Wohnviertel der Stadt lagen.

Die Christuskirche, 1901 von der BelleAlliancestraße aus gesehen. Die Fruchtallee ist tatsächlich noch eine baumgesäumte Allee.

Wenn es im Hamburger Senat eine Tradition im Handeln gibt, dann die, kommerziellen Interessen stets Vorrang einzuräumen. So auch in diesem Fall: 24.000 Bewohner des Katharinenkirchspiels mußten dem Projekt weichen. Sie zogen in die Stadterweiterungsgebiete. Viele dieser Menschen hatten ihren Arbeitsplatz am Hafen und wählten Eimsbüttel als neuen Wohnsitz, weil es noch in relativer Hafennähe lag.

Die meisten dieser Neu-Eimsbüttler waren einfache, nicht allzu begüterte Leute. Es mußten Wohnungen geschaffen werden, die nicht zu teuer sein durften. Der Bau-Boom ging also weiter. Die beschaulichen Tage des etwas abseits gelegenen West-Eimsbüttels waren gezählt.

In weiser Voraussicht war bereits am 26. März 1889 eine neue Kirchengemeinde gegründet worden. Doch als

Die Christuskirche heute, von der Westseite aus aufgenommen. Nach einem Brand erhielt 1982 der 46 Meter hohe Turm eine neue Spitze.

Ursprünglich war nur der Bau einer kleinen Kapelle geplant gewesen, aber die Mitglieder des Konsortiums legten Wert auf einen repräsentativen Kirchenbau und gaben ihr Grundstück nur unter dieser Bedingung ab. Einfacher verliefen, wie der Heimatforscher Adolf Böhme berichtet, die Gespräche mit der Familie Hinsch, die auch ein Stück Land für den neuen Bau beisteuerte: *„Mutter Hinsch hatte das Sagen und die war dafür. Also klappte alles gut."*

Der neue Kirchenplatz lag mitten auf einem von wasserreichen Gräben durchzogenen Wiesengelände, welches zunächst um drei Meter aufgeschüttet werden mußte. Dieselbe Maßnahme mußte bei den Straßenzügen Lappenbergsallee und Faberstraße getroffen werden, die angelegt wurden, um den Kirchenplatz mit dem übrigen Eimsbüttel zu verbinden.

Günstigerweise sollten zur gleichen Zeit die alten Wälle am Holstenwall abgetragen werden. Der Hamburger Senat finanzierte den Transport des Füllbodens. Mit Pferdefuhrwerken wurden die Erdmassen befördert. 40.000 Fuhren waren vonnöten, um allein den Kirchenplatz auf das gewünschte Maß aufzustocken.

Am 24. Oktober 1894 wurde die von den Architekten Jürgensen und v. Melle entworfene Apostelkirche eingeweiht. Um sie herum wurde hektisch geplant, gebaut, und es wuchs ein neues Viertel.

Erst kurz zuvor hatten Senat und Bürgerschaft die bisherigen Vorstädte St. Pauli, Rotherbaum, Harvestehude, Eimsbüttel und weitere zwölf Vororte mit Wirkung vom 1. Juli 1894 zu Stadtteilen erklärt. Die Größe des Hamburger Stadtgebietes wuchs mit dieser Maßnahme um das acht-, die Zahl der Bewohner um das dreifache. Die Großstadt hatte das Dorf geschluckt. Innerhalb von 35 Jahren war aus dem einige Hundert Seelen zählenden Dorf ein Stadtteil geworden. Eimsbüttel hatte jetzt mehr als 50.000 Einwohner.

die zunächst geheimgehaltenen Pläne für den Bau einer Kirche in West-Eimsbüttel an die Öffentlichkeit gelangten, hielten nicht wenige Bürger dieses Vorhaben für einen ausgemachten Unsinn. In den Grenzen der neuen Gemeinde wohnten erst 167 evangelische Kirchenmitglieder, feste Straßen waren fast keine vorhanden. Eine Kirche auf der grünen Wiese? Es wurde trotzdem ein Grund-

stück für den geplanten Bau gekauft. Dabei zeigte sich, daß West-Eimsbüttel zwar noch weitgehend unbebaut war, die meisten Grundstücke sich aber längst in der Hand weitblickender Spekulanten befanden. Das von den Kirchenvätern gewünschte Areal lag auf dem Grund des ehemaligen Lappenberg'schen Besitzes, der bereits das Eigentum eines Konsortiums war, welches zäh verhandelte und sich gut bezahlen ließ.

Der Blick vom Turm der Christuskirche nach Westen. Das Hochhaus Ecke Fruchtallee/
Doormannsweg prägt die Skyline Eimsbüttels.

R. S. oben: Gerade haben die Glocken der Christuskirche zu Mittag geläutet. Ursprünglich war die Kirche mit Bronzeglocken ausgestattet, die allerdings 1916 „eingezogen"
wurden - „Kanonenfutter".

R. S. unten: Hoch oben im Turm: Das mechanische Uhrwerk der Christuskirche. Nur wenige
Hamburger Kirchen sind noch mit derartiger Mechanik ausgestattet. Kunstvoll greifen die
Räder ineinander und sorgen mit ihrem Zusammenspiel für den pünktlichen Stundenschlag.

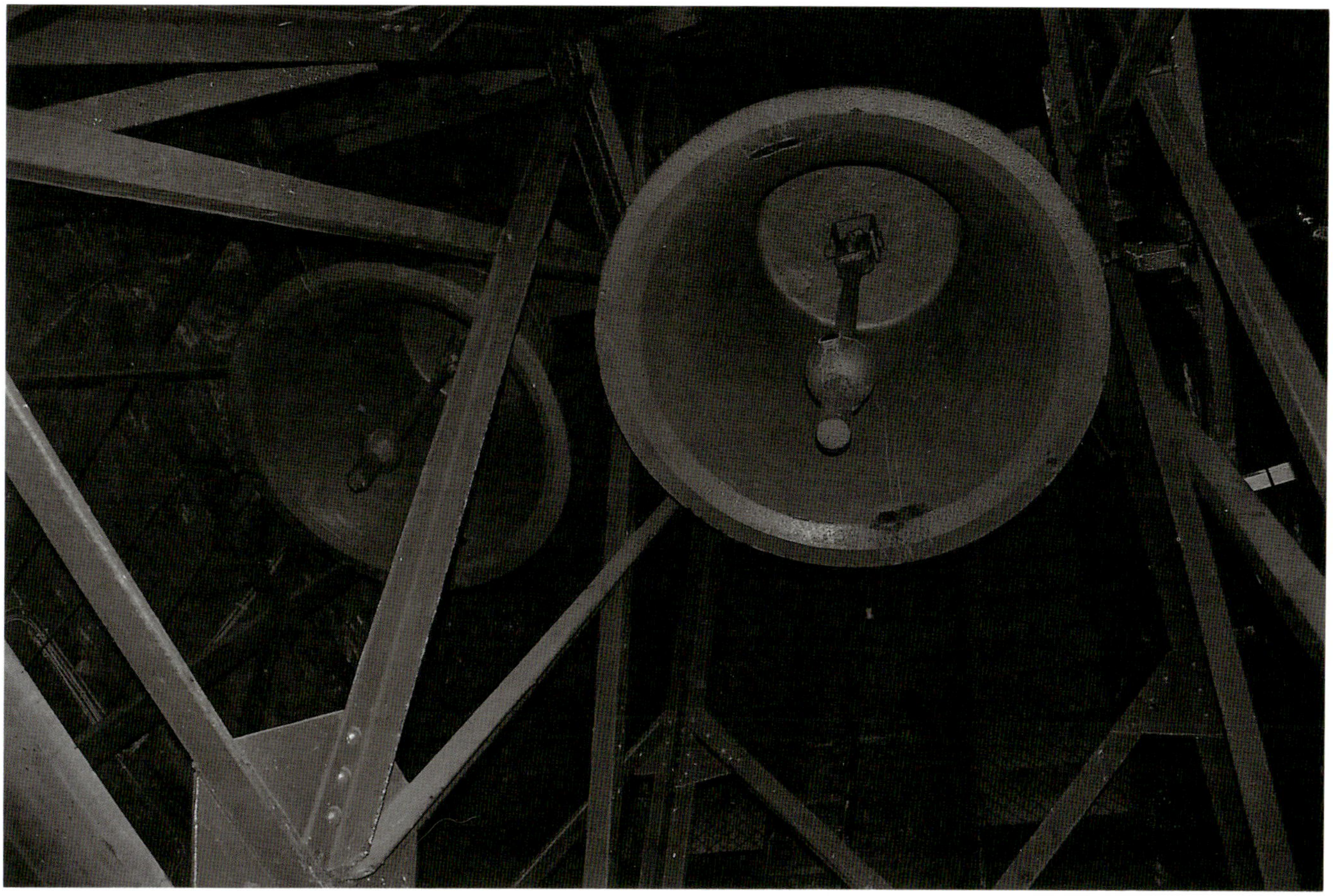

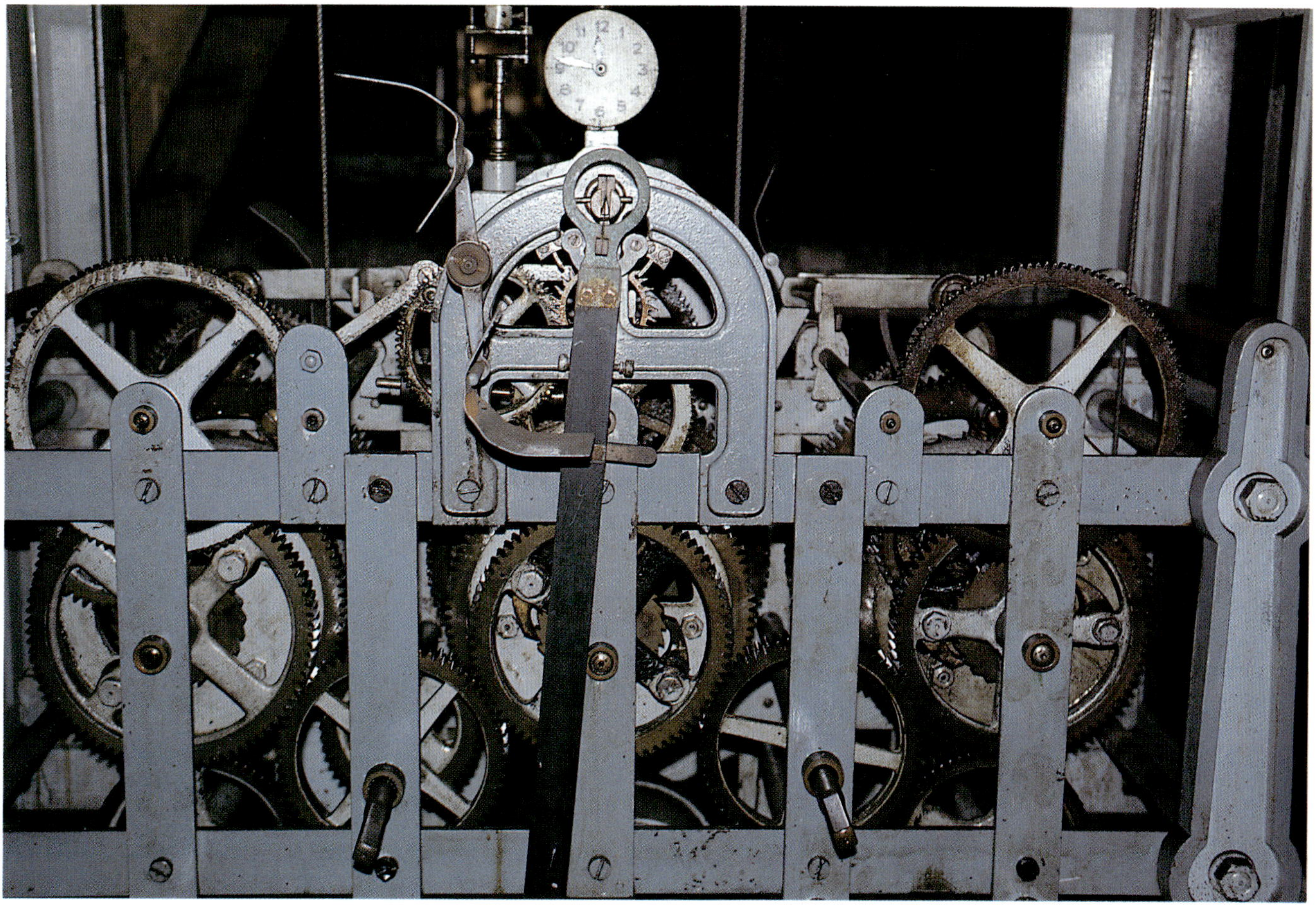

Der Haupteingang der Christuskirche. Eindrucksvoll das kontrastreiche Lichtspiel der Klinkerfassade mit ihren abwechselnd hell und dunkel gehaltenen Backsteinen.

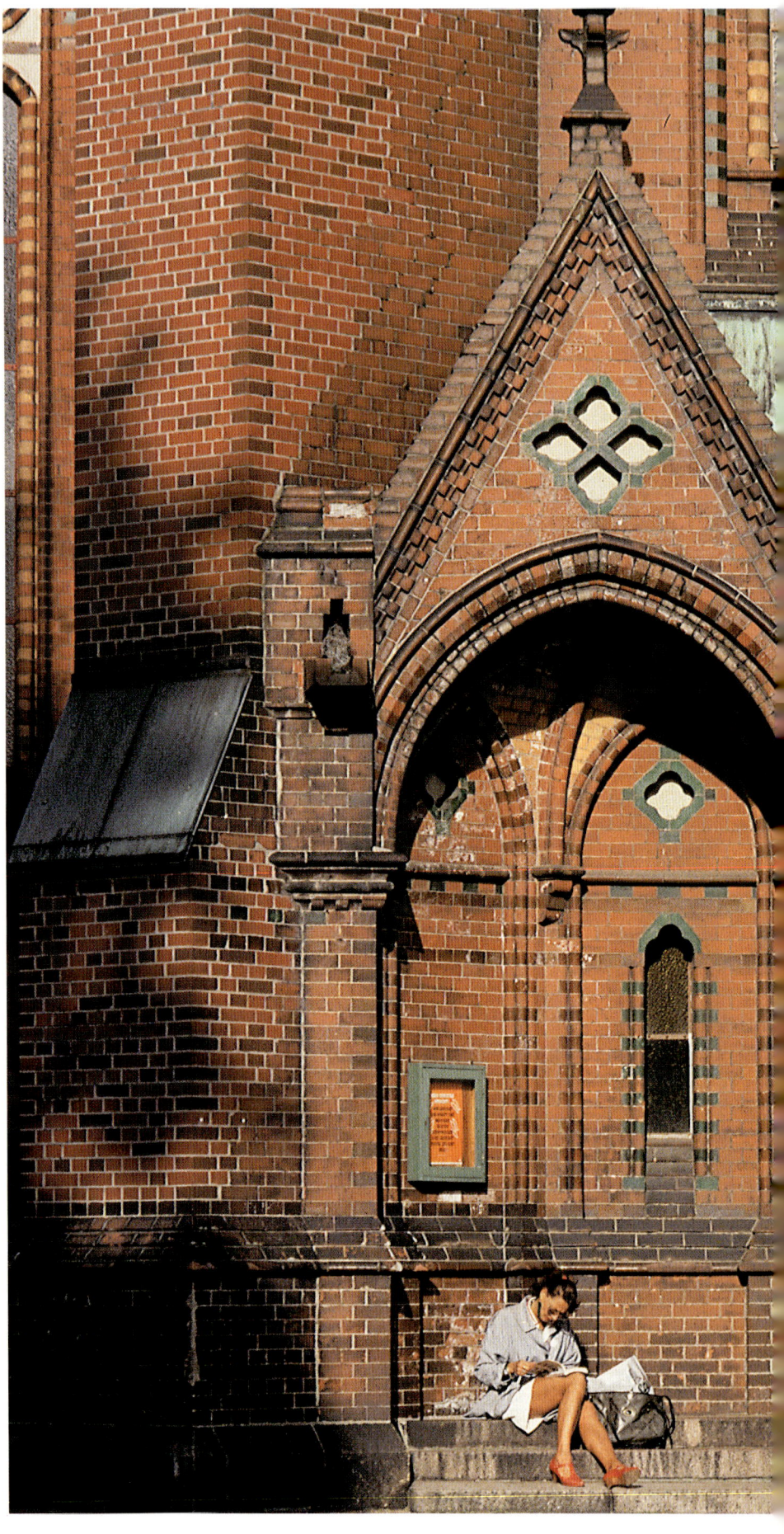

Schon vierzehn Jahre nach der Einweihung ist bei der Apostelkirche längst nicht mehr die Rede von einer „Kirche auf der grünen Wiese". Die Baumanpflanzungen sind allerdings noch jung. Gut zu erkennen sind die Geleise der Pferdebahn. An der Stelle vorn links steht am gleichen Ort noch immer eine Litfaßsäule.

Die Apostelkirche und die Lappenbergsallee am 24. Juli 1958. Die Kirche hat den Krieg fast unbeschadet überstanden. Doch um den Kirchplatz gab es Veränderungen - so ist das Eckhaus zur Lappenbergsalle verschwunden. Ein niedriger Behelfsbau hat den Platz eingenommen.

Die Apostelkirche heute, nachdem sie nach dem Brand von 1977 ihren Turmhelm eingebüßt hat. Eine Spur des ländlichen Ambientes aus vergangenen Eimsbüttler Tagen erlebt eine Renaissance: Auf dem Platz vor der Kirche wird regelmäßig ein „Öko-Wochenmarkt" abgehalten.

Die neue Apostelkirche: Schon der Vorbau ermöglicht verblüffende Perspektiven - eine Kirche, die auf ganz direkte Art den Blick in den Himmel öffnet.

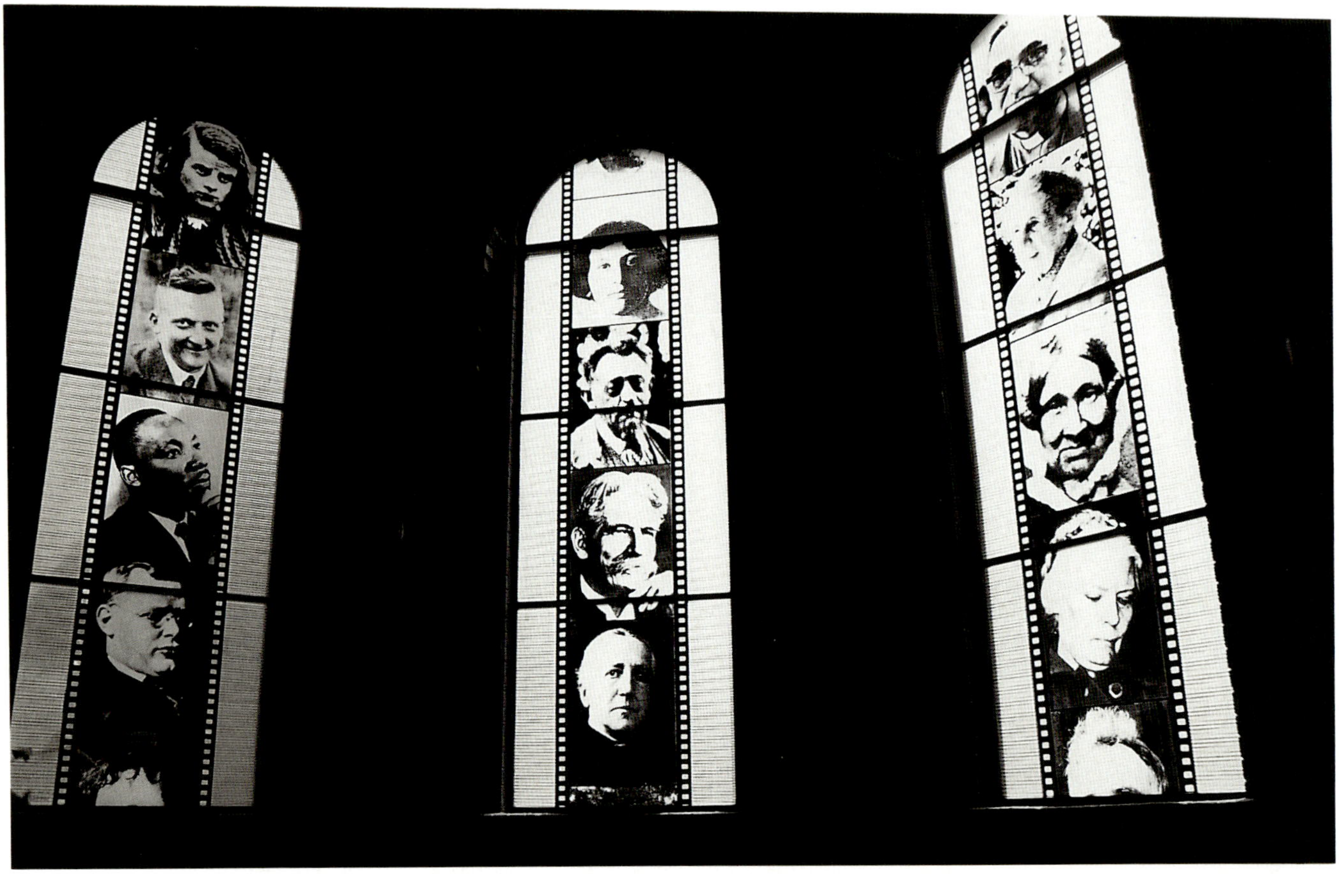

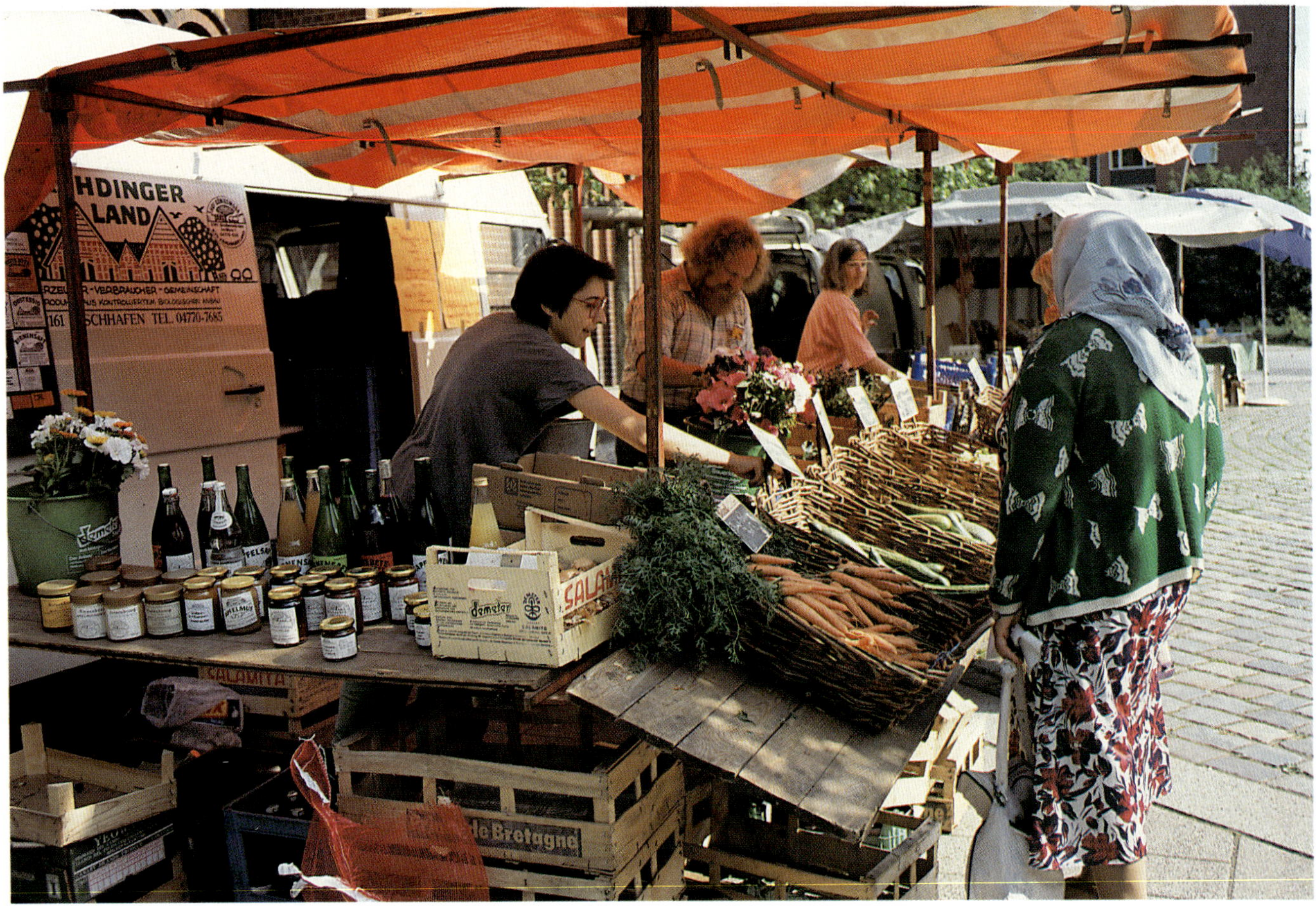
HDINGER
LAND
demeter
SALAMITA
de Bretagne

Hamburg-Eimsbüttel. Lappenbergsallee.

Die Blickrichtung zur Apostelkirche zeigt die erst wenige Jahre zuvor angelegte Anfahrtsstraße zum Kirchplatz um 1911. Vorn rechts zweigt der Heußweg ab.

L. S. oben: Eine mutig realisierte Idee sind die Fenster mit den Bildnissen der „modernen zwölf Apostel". Nach langen Diskussionen einigte man sich auf die Darstellung von Sophie Scholl, Hermann Stöhr, Martin Luther King, Dietrich Bonhoeffer, Simone Weil, Ernst Barlach, Albert Schweitzer, Mathilda Wrede, Arnulfo Romero, Anna Paulsen, Elise Averdiek, Dorothee Day.

Derselbe Abschnitt der Lappenbergsallee, völlig neu gestaltet mit der nach dem Krieg favorisierten „Punkthaus"-Bebauung.

L. S. unten: „Also, diese Gurken sollten Sie unbedingt..." - auf dem Markt vor der Apostelkirche.

1908 liegen zwischen dem Eidelstedter Weg (der Abschnitt am unteren Bildrand ist heute Teil der Unnastraße) und der Osterstraße im Hintergrund noch grüne
Wiesen, durch deren Mitte sich der Graben des Ottersbek zieht. Am Horizont ragt der Turm der Apostelkirche. Vorn ist das kleine Lokal „Zum Forsthaus".

Ein Relief über der Eingangstür des Hauses Unnastraße
Nr. 41 erinnert noch an das idyllische Lokal „Zum Forsthaus", welches bereits vor dem 2. Weltkrieg abgerissen
wurde. Es hätte den Krieg wohl ohnehin nicht überstanden
- der Nachfolgebau wurde von den Bomben vernichtet.

Eine „Urzelle" Eimsbüttels: Der Schacht'sche Bauernhof an der Fruchtallee. Das abgebildete Wohnhaus wurde 1875 erbaut. Die Aufnahme entstand vor 1895, in diesem Jahr wurde das Gebäude durch Blitzschlag zerstört.

Auf dem ehemaligen Grundstück des Schacht-Hofes stehen heute die Häuser Fruchtallee Nr. 120-134. Hier der Block Nr. 122. Die Wohnungen dieser Blocks galten als besonders fortschrittlich, da sie auf beiden Seiten des Gebäudes Fenster besitzen und sich somit per Durchzug belüften lassen.

Um 1900 - das Haus des Fuhrmanns Ahlff, Ecke Schäferkampsallee/Kleiner Schäferkamp.

R. S. oben: 1921 war diese Kate am Sandweg, die zum Schacht'schen Besitz gehörte, das letzte Strohdachhaus in Eimsbüttel. Unmittelbar links daneben erhebt sich bereits bedrohlich ein großes Mietshaus.

R. S. unten: Kleiner Schäferkamp um 1910. An den ländlichen Betrieb und die klösterliche Schäferei, die sich hier einst befand, erinnert nichts mehr.

An der Stelle des idyllischen Strohdachhauses befindet sich jetzt das „Haus des Sports".

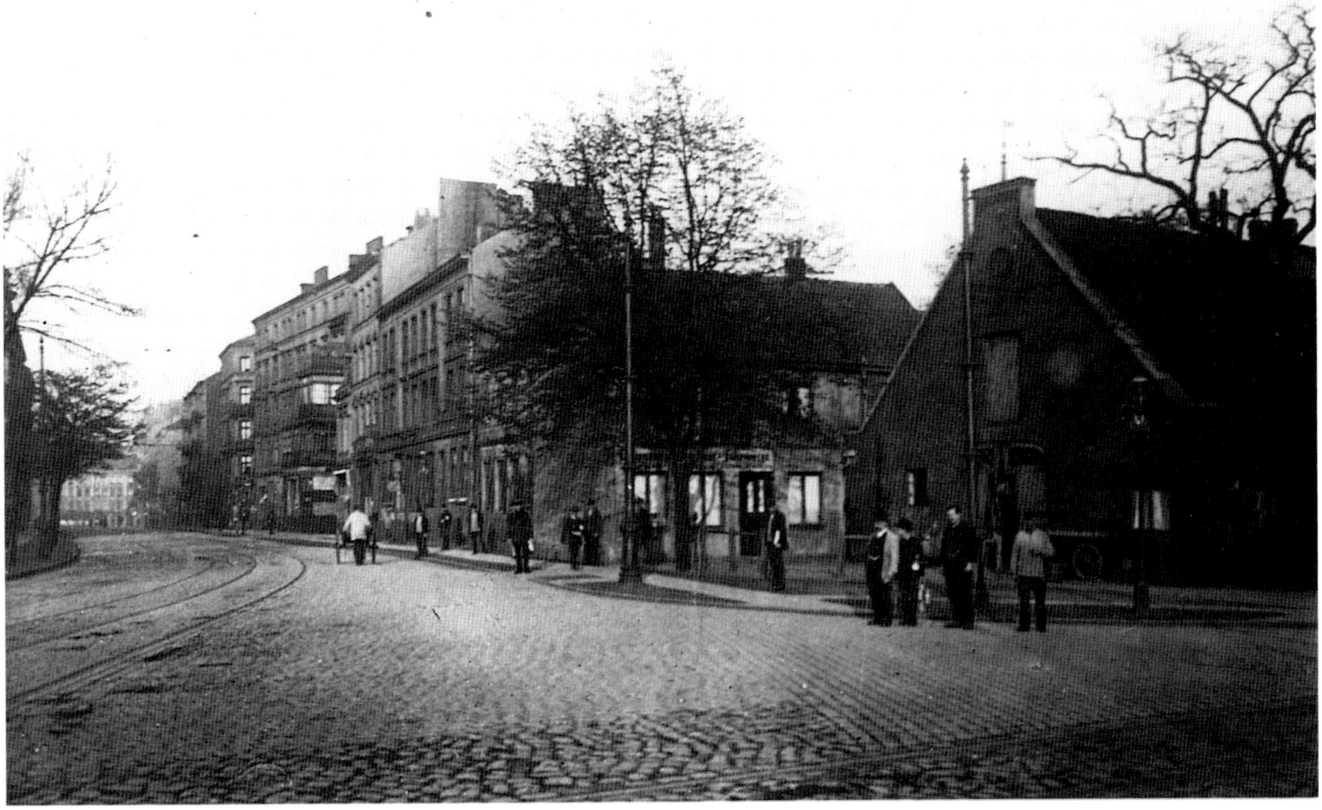

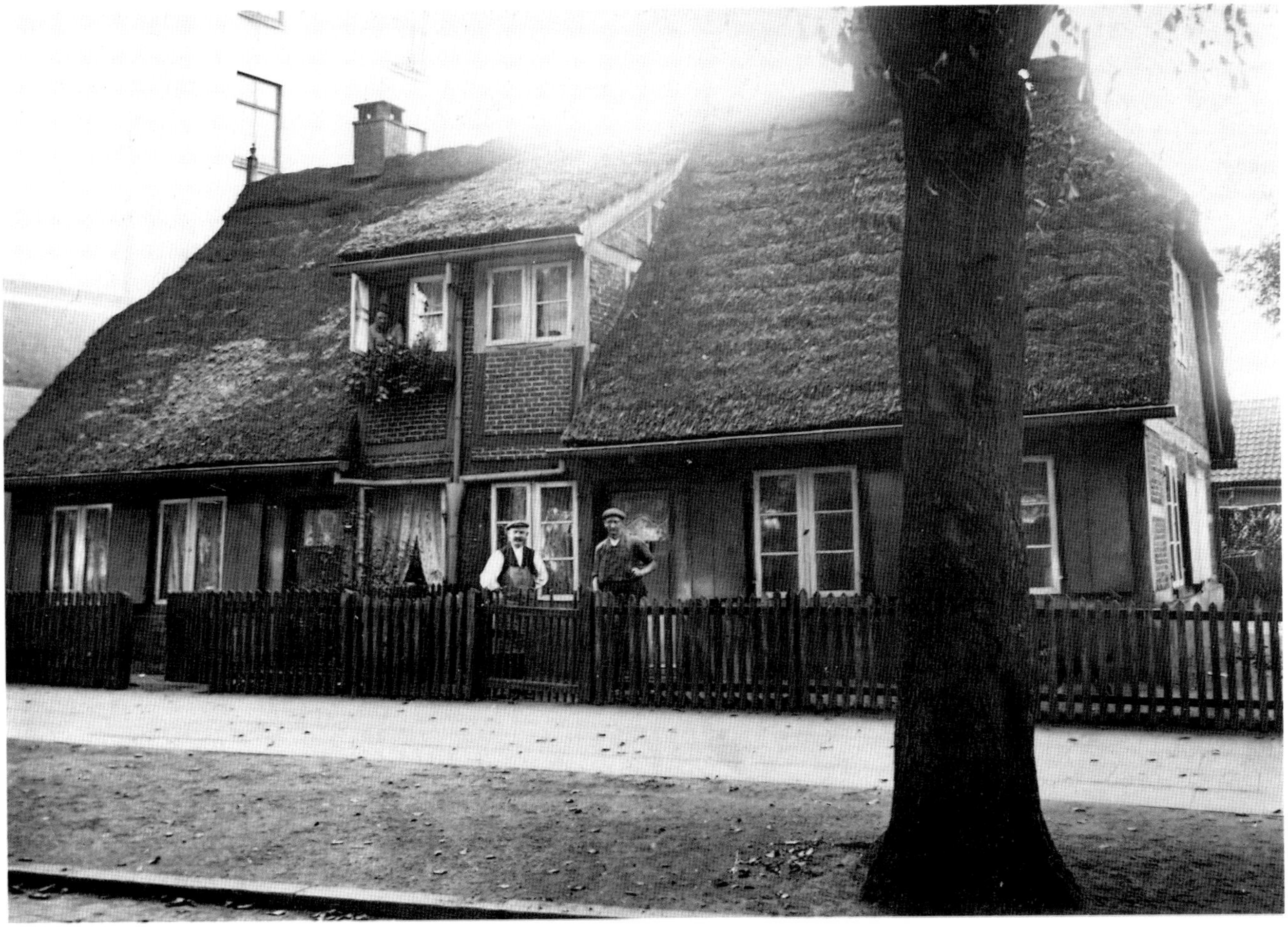

Der Eimsbütteler Park vor dem 1. Weltkrieg. Er ging aus den Gartenanlagen des ehemaligen Lutterothschen Landsitzes hervor und wurde 1875 für die Öffentlichkeit freigegeben. Der Springbrunnen rechts im Bild wurde 1894 angelegt.

R. S.: Portal der katholischen St.Bonifatius-Kirche (eingeweiht am 5. Juni 1910) in der Straße Am Weiher.

Noch immer ist der Eimsbütteler Park eine Oase der Erholung, obwohl er östlich von der vierspurigen Straße Im Gehölz begrenzt wird.

1904: Großbürgerliche Villen säumen die Eichenstraße in der Nähe des Parks Am Weiher.

Von dem ganzen Ensemble auf der rechten Seite der Eichenstraße ist nur das Haus Nr. 61 erhalten geblieben. Ein Jägerzaun hat das schmiedeeiserne Gitter ersetzt.

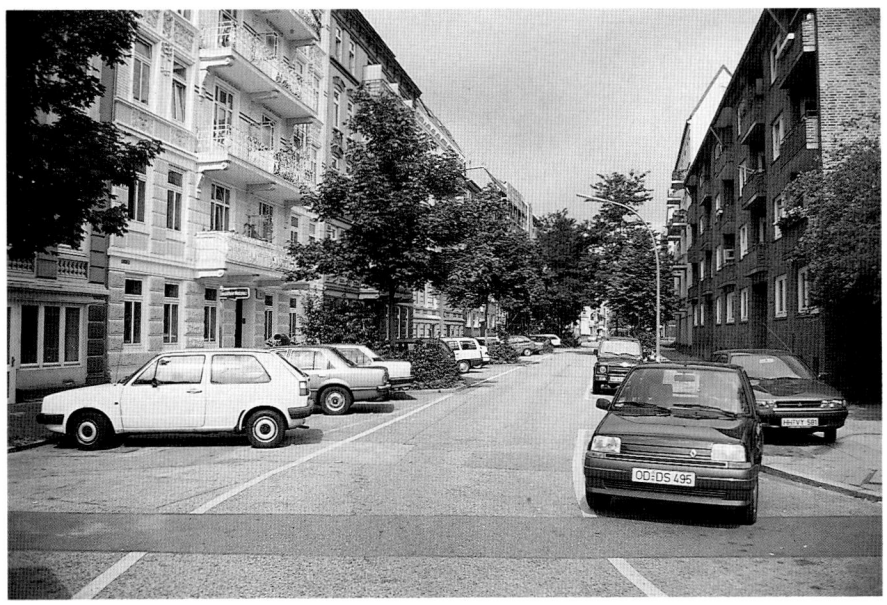

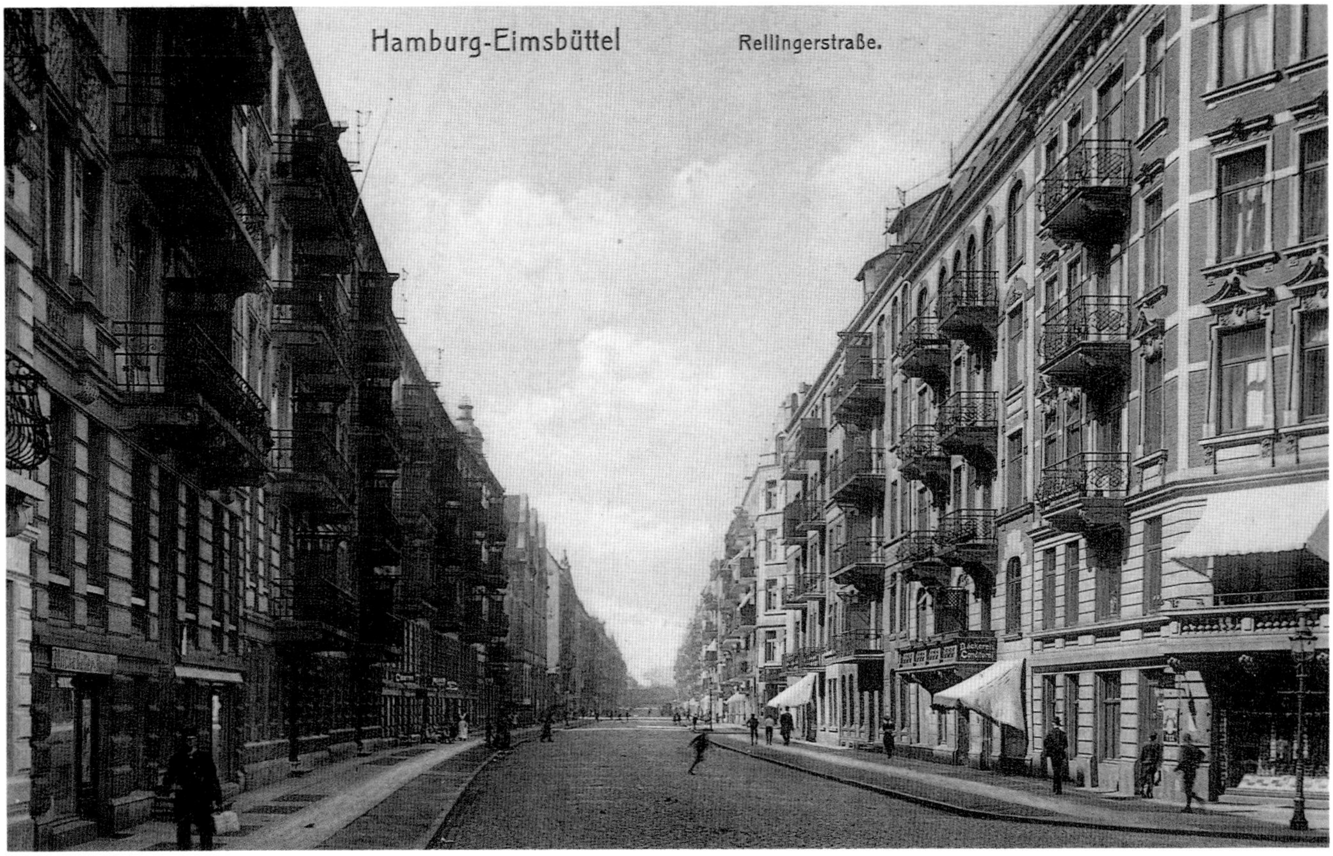
Hamburg-Eimsbüttel
Rellingerstraße.

Die Rellinger Straße zur Kaiserzeit. Ganze Straßenzüge entstanden in dieser Epoche des Bau-Booms innerhalb weniger Monate in einheitlicher Bebauung.

Auf der linken Seite sieht die Rellinger Straße noch aus wie einst, die Häuser auf der rechten wurden im Krieg zerstört.

OD-DS 495

Eine Partie am Isebekkanal um 1904. Man blickt vom Kaiser-Friedrich-Ufer hinüber auf die Bismarckstraße, deren Bebauung längst noch nicht geschlossen ist. Links im Bild das Eckhaus Bismarckstraße/Eichenstraße.

Derselbe Straßenzug präsentiert sich baulich verändert, aber das Eckhaus steht noch.

Charlottenstraße 34 - die Drogerie Hans Ed-
müller um 1925. Man führte nicht nur Fremd-
produkte, sondern fabrizierte auch selbst: Die
im Schaufenster oben rechts angepriesenen
„Edmüllers echte Fichtennadel-Menthol-Bon-
bons" werden manchen Katarrh gelindert haben. Der „Lebertran-Emulsion" hingegen wird
manch alter Eimsbüttler vielleicht nur grau-
send gedenken...

Die Charlottenstraße hat heute keine Nr. 34
mehr - die Nr. 32 ist das letzte Haus vor der
Sophienallee.

Osterstraße Nr. 160, etwa 1910. Stolz präsentieren sich einige Bewohner an den Fenstern ihrer Wohnungen. Fotografiert werden war noch etwas besonderes.

Die Geschäfte haben gewechselt, das Haus ist geblieben.

42

Das Haus Armbruststraße Nr. 7 vor dem 1. Weltkrieg.

Das Haus Armbruststraße Nr. 7 hat beide Kriege überdauert. Nur die schmiedeeisernen Balkongitter hat es eingebüßt.

Hamburg-Eimsbüttel.   Weidenstieg.

Der Weidenstieg um 1905. Der Unterricht ist gerade vorüber, die Schüler verlassen die Realschule. Vor den Gebäuden im Hintergrund zweigen das Kaiser-Friedrich-Ufer, der Isebekkanal und die Bismarckstraße nach rechts ab.

Vom Turm der Christuskirche aus aufgenommen - die ehemalige Realschule, die heute ein Wirtschaftsgymnasium beherbergt. Im Hintergrund die Silhouette der Grindel-Hochhäuser.

Die Gemeindeschule an der Osterstraße war für 400 Schüler konzipert. Der Bau wurde am 18. April 1872 eingeweiht. Die Aufnahme entstand 1922 anläßlich des 50. Jubiläums der Schule.

Wo einst gebüffelt wurde, wird jetzt gewohnt - Osterstraße Nr. 68. Die Schule wurde im 2. Weltkrieg zerstört.

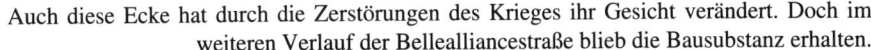

So sah 1899 die Ecke aus, an der die Weidenallee (links) und die Belleall#ancestraße zusammentreffen. Wie fast alle Straßen des Viertels wurde die Belleallancestraße erst rund zwei Jahrzehnte zuvor angelegt.

Auch diese Ecke hat durch die Zerstörungen des Krieges ihr Gesicht verändert. Doch im weiteren Verlauf der Bellealliancestraße blieb die Bausubstanz erhalten.

Die Stadt

Um die Jahrhundertwende herum wurden zunehmend Villengrundstücke mit Etagenhäusern bebaut. Anbauten ersetzten bei schon bestehenden Gebäuden die Vorgärten. Auch das beschriebene schöne Grundstück der Familie Spihlmann wurde 1898 verkauft. Wo Karpfenteich und Zierbrücke gewesen waren, standen jetzt Mietshäuser.

Zwar war die Bebauung vor allem in West-Eimsbüttel noch nicht vollständig geschlossen, aber als Ausflugsziel galt der Stadtteil nicht mehr. „Richters Führer", ein „Hand- und Nachschlagebuch für Vereine, Touristen und Sommerfrischler" von 1901, empfiehlt Eimsbüttel eher als einen von der Lage her geeigneten Ausgangsort für Touren in die ländliche Idylle von Langenfelde, Eidelstedt, Quickborn oder Kaltenkirchen.

Den Stadtteil beschreibt er wie folgt: *„Eimsbüttel ist ein theils hamburgisches, theils altonaisches Stadtviertel mit 61.500 Einwohnern. Zahlreiche von Gärten umgebene Villen und elegante Etagenhäuser. Die drei Hauptstraßen des Ortes sind Eimsbütteler Chaussee, nach St. Pauli führend, und Fruchtallee, nach der Sternschanze (Grindel) führend; diese werden durchquert vom Eppendorfer Weg, welcher nach Hoheluft führt."*

Während der Jahrhunderte der allmählichen Besiedlung hindurch hatten die beiden Vollhöfe Hinsch und Schacht das Bild Eimsbüttels geprägt und den Mittelpunkt des Ortes ausgemacht. Jetzt wirkten sie wie ein Anachronismus. Zuerst wich der Hinschenhof, seit dem ersten Grundbucheintrag von 1599 durchgehend im Besitz der Familie. Aber die Letz-

Eine für Eimsbüttel typische Hinterhof-Idylle, hier an der Vereinsstraße 89.

ten der Familie Hinsch blieben ohne Erben, das Hofland wurde nach und nach verkauft. 1911 dann schlug dem Hauptgebäude samt der drei napoleonischen Kanonenkugeln die Stunde: Es wurde abgerissen.

Der vorletzte Bauer des anderen Vollhofes, Claus Schacht, starb ebenfalls kinderlos schon vor der Erklärung Eimsbüttels zum Stadtteil. Seine Witwe heiratete den jüngeren Bruder August Schacht, wodurch Haus und Hof weiter zusammengehalten wurden. Doch im Winter 1895 fiel das alte Strohdachhaus einem Brand zum Opfer. Noch im selben Jahr verstarb Frau Schacht, die letzte Eimsbüttler Bäuerin.

August Schacht ließ sich eine Prachtvilla in italienischem Stil bauen, hielt aber beharrlich an der Landwirtschaft fest. Selbst als seine Wiesen zu den letzten unbebauten Flächen der Gegend gehörten und die Makler ihn mit lukrativen Kaufangeboten bedrängten, lehnte er ab. Auf seinen Wiesen sollten

Kühe laufen. „Doar hebb ick min Spooß an", begründete er knapp und endgültig.

Der Spaß hatte leider 1916 ein jähes Ende, als durch Blitzschlag der Kuhstall abbrannte. Dennoch wurde kein Land verkauft, selbst nicht, als nach dem Ersten Weltkrieg die Inflation auch den reichen Bauern Schacht in Schwierigkeiten brachte. Er verkaufte das Silbergeschirr und einige kostbare Teppiche, aber kein Stück Land. So blieben die Wiesen bis zu seinem Tod unbebaut.

Nur wegen dieser Hartnäckigkeit des alten Bauern fand sich in dem dichtbesiedelten Eimsbüttel noch ein freies Gelände, als man einen Sportplatz anlegen wollte. 1931 wurde auf den ehemaligen Schacht'schen Wiesen der Reinmüller-Sportplatz an der Tornquiststraße errichtet. Das „Dorf" Eimsbüttel gehörte endgültig zur Geschichte.

Obwohl Eimsbüttel nicht länger ein Ausflugsziel war, bedeutete dies jedoch nicht, daß sich die Anzahl der gastronomischen Betriebe verringert hätte. Kunden waren jetzt die Eimsbüttler selbst, die in Lokalitäten wie „Sottorf's Salon", „Landhaus Sauerland" oder „Forsthaus Langenfelde" verkehrten.

Der Sottorf'sche Salon war unter seinem Pächter Ludwig Hallwachs zu einem typischen Vereinslokal geworden, mit großen Versammlungssälen und volkstümlicher Restauration. Er stand auf dem Gelände eines der ältesten Kätnerhöfe Eimsbüttels, an der Ecke Emilienstraße/Fruchtallee. 1913 wurde das Lokal abgebrochen, heute steht an selber Stelle das Postamt. Das „Forsthaus Langenfelde" war ein Familienlokal mit großem Biergarten, beliebt bei den Kindern, weil Kurzweil wie Bootfahren, Karussell und Eselreiten geboten wurde.

Ein anderes kleines Lokal namens „Forsthaus" stand an der Unnastraße, die damals noch Eidelstedter Weg hieß.

Sogar einen „Heußhof" gab es wieder. Die ehemalige Villa Ephraim an der Ecke Fruchtallee / Heußweg wurde 1904 von dem Gastronomen Opitz erworben, der 44 Jahre nach der Schließung des alten Heußhofes wieder an die ruhmreiche Tradition anzuknüpfen gedachte. Tatsächlich hatte die Villa, die schon weithin über den Eimsbütteler Markt sichtbar war, gewisse Ähnlichkeiten mit dem berühmten Original, obschon sie nicht mehr in einer prächtigen Parklandschaft lag.

Die Apostelkirche stand längst nicht mehr auf freiem Felde. Straßenzug um Straßenzug war der Stadtteil nach Westen gewachsen, und als man in West-Eimsbüttel über eine zweite Kirche nachzudenken begann, war schon kein zentral gelegenes Grundstück mehr zu haben.

Es blieb ein 1.500 qm großes Areal auf der Ecke Eidelstedter Weg/ Lutterothstraße, am äußersten Rand des Bezirks. Der Kaufpreis betrug sagenhafte 54.000 Mark. Für weitere 86.000 Mark wurde die St. Stephanus-Kirche gebaut und am 15. Dezember 1912 eingeweiht.

Eimsbüttel war der größte Stadtbezirk Hamburgs geworden. Schon vor dem Ersten Weltkrieg wohnte hier jeder achte Bewohner des Stadtgebietes.

Auch größere Betriebe eröffneten ihren Firmensitz in dem expandierenden Stadtteil. 1892 erwarb Dr. Oscar Troplowitz, Alleininhaber der Firma Beiersdorf, ein 1200-qm-Grundstück zwischen der heutigen Unnastraße und Quickbornstraße. Später wurde das Firmengelände erweitert.

Die erklärte Haupteinkaufsstraße des Stadtteils jedoch war die Eimsbütteler Chaussee, die in der Zeit zwischen den beiden Weltkriegen keinen Vergleich mit irgendeiner großstädtischen Flaniermeile zu scheuen brauchte. Die vom Schulterblatt bis zur Fruchtallee führende Chaussee

Das Haus vorn links in der Grädenerstraße hat die Zeiten überdauert, das Nachbarhaus ist jetzt ein Neubau.

R. S. oben: Die Grädenerstraße vor 1914. Hinten in der Bildmitte kreuzt die Faberstraße, im weiteren Verlauf knickt die Grädenerstraße ab zur Lappenbergsallee.

R. S. unten: Auf der Schäferkampsallee konnte man um 1910 noch ungestört vom Autoverkehr flanieren.

hatte sich zu einer vielbefahrenen Prachtstraße entwickelt, gerahmt von eleganten Kaufhäusern, vornehmen Cafés und noblen Geschäften.

Das einstige Dorf hatte seine Entwicklung zu einem Teil der Großstadt erstaunlich rasch vollzogen. Innerhalb einer Generation wohnten die Eimsbüttler Bürger städtisch, lebten städtisch und hatten sich vollständig mit der neuen Situation arrangiert. Wenigstens war die rapide Veränderung des Ortsbildes in Ermangelung weiterer bebaubarer Flächen allmählich zum Stillstand gekommen. Eimsbüttel stand in Stein gefügt, scheinbar für die Ewigkeit.

Hamburg-Eimsbüttel   Grädenerstraße.

Das Geschäft der „Produktion" befand sich im Haus Methfesselstraße 96 (Aufnahme von 1908).

R. S. oben: Die neue technische Errungenschaft - die Hochbahn. Hier der Bahnhof Schlump um 1917.

R. S. unten: Das „Forsthaus Langenfelde" um 1903. Der Gärtner Dietrich Ramke war der Erbauer und Eigentümer dieses beliebten Etablissements. Die schöne Umgebung, Unterhaltung für die Kinder und regelmäßige Gartenkonzerte sorgten oft für ein volles Haus.

Die Tür und die Fenster sind modernisiert, die „Produktion" ist nicht mehr Inhaber des Ladenlokals, aber ansonsten ist bis hin zum Verlauf des Regenrinnen-Abflußrohrs alles beim alten geblieben.

Hoch- und Untergrundbahn Hamburg ·
Länge der Bahn 27850 m
Gesamtanlagekosten 82 442 200 Mark

Bahnhof Schlump

Schlump

GRUSS aus dem „Forsthaus" LANGENFELDE

D. Ramke
Besitzer des Forsthauses.

Das Beiersdorf-Gelände, vermutlich in den
frühen zwanziger Jahren. Unten links das Eck
Quickbornstraße (links)/ Unnastraße (rechts).

R. S.:Die St.Stephanus-Kirche wurde 1912
geweiht. Für das 1.500 Quadratmeter große Grundstück zahlte die Kirchengemeinde die stolze Summe von 54.000 Mark.
Die für die Baukosten erforderlichen 86.000
Mark mußten zudem aufgebracht werden.

Die Schule Lutterothstraße 34-36 während des 1. Weltkrieges: Von der Schule in den Krieg, aus dem Krieg retour zur Schule - nur war aus der mittlerweile ein Lazarett geworden. Was Heinrich Böll nach dem Zweiten Weltkrieg so eindringlich in seiner Erzählung „Wanderer, kommst du nach Spa ..." beschrieben hat, galt auch für den Krieg davor. Aus dem Text der Postkarte: „Liebe Mutter! Etwas habe ich doch noch vergessen, Dir gestern zu bestellen ... bringe doch noch etwas Brot. Habe auch schon etwas Weißbrot für Dich angeschafft. Vielleicht gibt Frau F. Dir noch etwas ohne Marken."

Linke S.: Die „Hamburger Burg" von 1899 am Stellinger Weg 38 a-f galt als vorbildlicher Genossenschaftsbau und wurde sogar diesbezüglich kurz nach ihrer Entstehung auf der Pariser Weltausstellung prämiert.

Der heute eher unscheinbar bis häßlich wirkende Bau an der Ecke Osterstraße/Heußweg ist in den zwanziger Jahren von dem Bauhaus-Architekten Karl Schneider entworfen worden. Das Gebäude war damals mit dreiteiligen Fenstern ausgestattet, weiß gestrichen und die Backsteinringe waren rot abgesetzt, was dem Gesamteindruck sicher sehr zugute kam.

Die presbyterianische Jerusalem-Kirche an der Schäferkampsallee wurde am 7. April 1912 eingeweiht. Dieses Bild wurde zwischen den beiden Weltkriegen vom Moorkamp aus aufgenommen und zeigt außer dem Kirchenbau das der Kirche angeschlossene Krankenhaus, welches am 9. April 1913 in Dienst gestellt wurde. Die Kapazität von ehemals 40 Betten wurde bis heute auf 105 Planbetten erhöht, zusätzlich existiert eine kleine Privatklinik mit 40 Betten. Die Gemeinde war der irisch-presbyterianischen Kirche angegliedert. Unter den Gemeindemitgliedern befanden sich viele Juden, für die Gestapo der Anlaß, die Gemeinde 1938 in der Woche nach der Reichspogromnacht offiziell aufzulösen. Die Jerusalem-Kirche wurde versiegelt. Dennoch wurden - auch während des Krieges - heimlich Gottesdienste im Schwesternwohnheim abgehalten. In der Nacht vom 26. zum 27. Juli 1942 brannte die Kirche nach einem Brandbombentreffer aus. Erst am 21. Juni 1953 wurde sie erneut eingeweiht. Seit 1962 ist die Gemeinde der hamburgischen Landeskirche angegliedert.

Der Krieg

Der 24. Juli 1943 war ein schöner, warmer Sommertag in Hamburg. Die schon zehn Jahre währende Nazidiktatur und der bereits seit vier Jahren andauernde Krieg hatten im Leben der Eimsbüttler Bürger viele Veränderungen gebracht, aber das nun mittlerweile längst vertraute Stadtbild ihres Bezirks war geblieben. Zwar hatte es während der vergangenen Kriegsjahre schon Luftangriffe gegeben, doch die entstandenen Schäden hatten sich - speziell auch in diesem Stadtteil - in engen Grenzen gehalten. So waren bei einem Angriff am 15.9.42 die Fenster der Christuskirche zerstört worden, aber längst hatte man das zerbrochene Glas ersetzt.

Als jedoch an diesem 24. Juli die Sonne unterging, war es für viele und für vieles in Eimsbüttel der letzte Tag gewesen. Am Abend starteten 791 Flugzeuge auf Plätzen irgendwo in England, geführt vom Luftvicemarschall D.C.T. Bennett. Kurz vor Mitternacht erreichte die geflügelte Armada deutschen Luftraum. Ihr Unternehmen trug den Codenamen „Gomorrha".

Hauptziel des Angriffs sollten eigentlich die Hamburger Innenstadt und die Rüstungsbetriebe am Hafen sein. Um den Bomberpiloten den Zielanflug zu erleichtern, wurden Zielmarkierungsbomben geworfen. Aus diesen Bomben klinkten sich in rund 1000 m Höhe 60 Leuchtkerzen aus, die dann auf dem Boden in einem Flammenkreis von etwa 300 m Durchmesser

Oben: 1943 - Ecke Vereinsstraße/Altonaer Straße, von der Einmündung der Bartelsstraße aus gesehen.

Unten: Erst vor kurzem ist diese Ecke neu bebaut worden.

einige Minuten weiterbrannten. Doch schon bei geringen Bodenwindstärken konnten diese Markierungen kilometerweit verweht werden.

So geschah es auch, als eine Stunde nach Mitternacht die Bombardierung Hamburgs begann. Vielen Piloten war es unmöglich geworden, ein genau markiertes Ziel zu erkennen. Die allermeisten von ihnen hatten auch sicher kein Interesse, umständlich und lange nach solchen Markierungen zu suchen - schließlich wurden sie ihrerseits von der deutschen Flugabwehr beschossen. Je früher sie sich ihrer tödlichen Fracht entledigten, um so eher konnten sie abdrehen und gen Heimat fliegen...

Der Hauptanflug war von Nordwesten her auf die Stadtmitte erfolgt. Der tatsächliche Angriffsraum hatte sich daher vom geplanten Hauptziel weg viel weiter nach Nordwest verlagert. Und dort lag Eimsbüttel.

Eimsbüttel, Hoheluft, Altona und alle nordwestlichen Vororte Hamburgs wurden in dieser Nacht stark zerstört. Erstmals entstanden in diesem Krieg in Hamburg ausgedehnte Großbrände, die ganze Straßenzüge, selbst ganze Viertel vernichteten und auch nach 24 Stunden noch ungelöscht waren. Koks- und Kohlenvorräte, in den Kellern vieler Häuser bereits für den Winter eingelagert, brannten in einigen Fällen noch wochenlang.

Erschwert wurden die Löscharbeiten nicht zuletzt durch den Umstand, daß die dafür zuständigen Organisationen ja gleichermaßen von Schäden betroffen waren. So wurde die Feuerwache 9 in der Quickbornstraße durch eine Sprengbombe total zerstört, vier Feuerwehrleute kamen dabei ums Leben. Die Situation war chaotisch.

Der Autor Hans Brunswig zitiert in seinem Buch „Feuersturm über Hamburg" den Meldebericht des Feuerlösch- und Entgiftungsdienst-Erkunders Werner Schlünz, der in jener Nacht, da jegliche andere mögliche Art der Nachrichtenübermittlung zusammen-

Die Einmündung in die Lappenbergsallee existiert nicht mehr. Der Spengelweg ist bereits vorher zu Ende.

gebrochen war, mit dem Motorrad in die zerstörten Gebiete geschickt wurde, um die Lage zu erkunden: „Nachdem ich das Krad nachgeholt hatte, setzte ich meine Fahrt fort, die aber bereits in Höhe der Neustädter Straße durch Sprengschäden und einen neuerlichen Sturz unterbrochen wurde. Im weiteren Verlauf der Fahrt durch die Feldstraße, Pferdemarkt, General-Litzmann-Straße (heute: Stresemannstraße, Anm. d. Verf.) und deren Nebenstraßen konnte ich unzählige Dachstuhl- und Hausbrände feststellen.

Nach Erfüllung meiner Aufgabe in der Gruppe West versuchte ich, das Gebiet Richtung Eimsbüttel zu erkunden und durchfuhr die Straßenzüge Alsenstraße, Waterloostraße, Eimsbütteler Chaussee, Emilienstraße, Osterstraße. In diesen Straßen und Nebenstraßen brannten die Dachstühle und zum Teil Gebäude vom Keller- bis zum Dachgeschoß. Es herrschte zeitweise ein Funkenflug und Gegenwind, der beim Fahren das Umschalten auf den zweiten Gang erforderlich machte.

Die Straßenzüge waren wie ausgestorben. Nur vereinzelt traf ich auf Flüchtlinge, die Freiflächen zustrebten.

In der Bismarkstraße, Ecke Eichenstrasse, wurde ich von einem politischen Leiter angehalten, der Hilfe für seinen besetzten Hochbunker (etwa 1.000 Personen) forderte.

Der hier besonders stark wütende Feuersturm hatte die aufgestellten Gerüsthölzer des Bunkers in Brand gesetzt, so daß die Leute durch die eindringenden Rauchgase beunruhigt wurden. Im Bunker war die Luft aber im Vergleich zur Straße sehr gut. Die Leute ließen sich beruhigen und blieben im Bunker, da nach Einsturz der Gerüste die Verqualmung nachließ. Mein Versuch, die Bismarkstraße in nördlicher Richtung weiter zu durchfahren, scheiterte an dem entgegenkommenden Feuersturm und Straßenverschüttungen..."

Das Tageslicht des 25. Juli, gedämpft durch dicke Qualmwolken, machte das Ausmaß der Schäden sichtbar: Annähernd 40 Prozent aller Eimsbütteler Gebäude waren zerstört. An der Fruchtallee standen stadteinwärts nur noch fünf Häuser, die Christuskirche hatte wieder ihre Fenster eingebüßt und auch sonst einige Blessuren davongetragen.

Die Eimsbütteler Chaussee, die Prachtstraße des Bezirks, war schwer getrof-

Noch eine Straße, die es nicht mehr gibt: Von der Collaustraße ist hier nicht einmal der Name geblieben. Aus dem Stück, das den Krieg überstanden hatte, wurde der Spengelweg. Das Foto von 1943 zeigt die Einmündung der Collaustraße (die von unten her ins Bild läuft) in die Lappenbergsallee.

fen und an ihrem nördlichen Ende zwischen Doormannsweg und Fruchtallee fast völlig zerstört worden. Das Gebäude des alten Heußhofes, aus dem man längst ein Wohnhaus gemacht hatte, war ausgebrannt. Der neue „Heußhof", das Lokal des Wirtes Opitz an der Ecke Heußweg/Fruchtallee, erlitt das gleiche Schicksal. In einer Nacht hatte sich ein intakter Stadtteil in einen Schutthaufen verwandelt. „Gomorrha" war Wirklichkeit geworden.

Der Krieg fand damit jedoch noch keinen Schluß. In den noch fast zwei Jahren bis zu seinem Ende wurden weitere Bomben über Eimsbüttel abgeworfen. So manches Gebäude, das die schrecklichen Angriffe im Juli `43 überstanden hatte, wurde doch noch zerstört. Die Christuskirche ereilte dieses Schicksal im Juli 1944, als sie

durch einen Bombeneinschlag im östlichen Querschiff schwer beschädigt wurde.

Ein ebenso tragisches wie spektakuläres Kriegsereignis, an welches sich noch viele ältere Eimsbüttler Bürger erinnern, ereignete sich am 24. Mai 1944. Ein viermotoriger amerikanischer Bomber war südöstlich von Hamburg angeschossen worden. Die Besatzung verließ das defekte Flugzeug per Fallschirm. Führungslos schwebte der Bomber in einer Höhe von wenigen hundert Metern im Gleitflug quer über das Stadtgebiet, verfolgt vom Feuer der Flakgeschütze. Die Maschine senkte sich über Eimsbüttel. In der Tornquiststraße schlug sie auf, setzte mehrere Häuser in Brand und erschlug zwei Menschen unter ihren Trümmern.

Bei Kriegsende, hatten 20.000 Einwohner ihre Wohnungen verloren. Viele der noch erhaltenen Gebäude waren schwer beschädigt, Straßen aufgerissen und mit Panzersperren blockiert, ihr Gedärm aus Rohren und Leitungen an vielen Stellen geborsten. Eimsbüttel, der junge Stadtteil, lag zu großen Teilen zerstört da.

Als es im Jahrhundert zuvor von Napoleons Soldaten niedergebrannt worden war, hatten die Bürger fliehen können. Diesmal waren viele von ihnen unter den Trümmern ihrer Häuser gestorben. Ein Neubeginn schien vielleicht möglich, aber dennoch weit entfernt zu sein. Schließlich lag nicht bloß Eimsbüttel, sondern das ganze Land am Boden. Doch was auch immer ein Neuaufbau bringen würde: Es würde ein anderes Eimsbüttel werden.

Nach den Angriffen vom Juli 1943 - der Eimsbütteler Marktplatz Nr. 8-16. Das einstige Zentrum des Stadtteils ist nur noch eine menschenleere Trümmerwüste.

R. S.: Andere Häuser erlebten ein glücklicheres Schicksal. Das Haus Eichenstraße Nr. 66 überstand den Krieg ohne große Blessuren. Nur die Figur auf dem Portal fiel einmal herunter - und konnte in einem Stück wieder auf ihr Podest gestellt werden.

Seite 62: Der Eimsbütteler Markt von heute, gestaltet nach den Idealen der sechziger Jahre: Großzügige Straßen für den Autoverkehr, durchgrünte Punkthäuser und Zeilenbauten zum Wohnen in nicht zu enger Nachbarschaft. Daß diese beiden Zielsetzungen nicht unbedingt eine harmonische Einheit ergeben, läßt sich gut erkennen. Unten links ist der Reinmüller-Sportplatz zu sehen. Die große Kreuzung führt die Fruchtallee (links), den Heußweg, Lappenbergsallee und Eimsbütteler Marktplatz zusammen.

Der Neubeginn

Der Schulweg vor dem Ersten Weltkrieg. Die Blickrichtung geht zur Kreuzung der Osterstraße (vergleiche auch S. 64).

Verschüttete Straßenzüge wurden freigelegt, langsam, Meter um Meter, nicht selten mit den bloßen Händen. Dann wurden die Schutthaufen auf den Grundstücken durchsucht. Man versetzte Trümmerberge, durchsiebte Mörtel, sammelte Kalk ab und fuhr es als Düngemittel zu Landwirtschaftsbetrieben im Umland. „Steineklopfen" hieß das Gebot der Stunde. Unbeschädigte Steine wurden an Ort und Stelle mit einem Hammer von Mörtelresten befreit, auf eine Schubkarre oder in einen Tragekorb verladen und zu einer Sammelstelle gebracht, wo sie ihrer erneuten Verwendung als Baumaterial entgegensahen.

Eine dieser Trümmerverwertungsanlagen befand sich am Eimsbütteler Marktplatz. Eine eigens installierte „Trümmerbahn" brachte waggonweise Schutt hierher, zusätzlich luden unaufhörlich Lastkraftwagen Ziegelreste ab. Es galt, allein in Eimsbüttel zwei Millionen Kubikmeter Schutt wegzuräumen.

In einer Festschrift des Bezirksamtes anläßlich der „Eimsbütteler Woche" 1952 wurde sehr anschaulich vorgerechnet, daß diese enorme Menge, in Eisenbahnwagen abgefüllt, einen Zug von 2.000 Kilometern Länge ausmachen würde. Die Arbeit bei der Trümmeraufbereitung wird an selber Stelle beschrieben: *„In der Trümmeraufbereitungsstätte am Eimsbütteler Markt wurden die Schuttmassen aussortiert. Nachdem rund 25 Millionen noch brauchbare Steine ausgelesen und 4.000 Tonnen Schrott und Eisenteile geborgen waren, wurden ungeheure Mengen Ziegelsplitt und Schotter herausgeholt, die für den Bau von Straßen und* Wegen *oder für Schüttbeton zur Errichtung von Häusern verwendet wurden.*

Der unbrauchbare Rest der Schuttmassen kam auf das Gelände zwischen dem Volkspark in Altona und dem Friedhof Eidelstedt. Hier wurde eine sumpfige Ödfläche aufgeschüttet, eine hügelige Landschaft daraus gestaltet, Mutterboden aufgefahren und das Gebiet aufgeforstet. Junge Bäume sind bereits herangewachsen und es ist ein Wald entstanden, in dem unsere Kinder einst Erholung finden werden. Auch zum Ausbau des Stadions im Altonaer Volkspark wurde Trümmerschutt aus Eimsbüttel verwendet, und wenn 1953 beim Deutschen Turnfest Zehntausende den Wettkämpfen und Spielen zusehen werden, dann dürfte ihnen kaum zu Bewußtsein kommen, daß sie auf den Trümmern von Eimsbüttel stehen."

Weihnachten 1951 war es geschafft - als erster der sieben Hamburger Bezirke konnte Eimsbüttel als trümmerfrei gemeldet werden. Doch mit der Beseitigung der Trümmer war zwar Platz, aber natürlich noch kein neuer Wohnraum geschaffen worden. Das Leben blieb für viele Bürger noch hart genug: Enge, überbelegte Wohnungen, provisorische Arbeitsplätze, für die Kinder wegen der vielen zerstörten Schulen noch bis zum Ende der fünfziger Jahre Schichtunterricht. Und als man dann an den Wiederaufbau ging, wünschte man sich modernen Wohnraum mit Küche und Bad.

So entstand die Bebauung der Fruchtallee und des Eimsbütteler Marktplatzes mit den sogenannten „Punkthäusern", quadratische, meist vierstöckige Gebäude, zusammengefügt zu durchgrünten Wohnblocks.

Die auf den heutigen Betrachter eher etwas langweilig wirkende Architektur wurde begeistert gefeiert: *„Besonders eindrucksvoll das Viertel um den Eimsbütteler Marktplatz, dessen schon fertige Neubauten das zukünftige Gesicht der großzügigen Aufbauplanung erahnen lassen, die den Bewohnern Licht und Luft zukommen läßt. Welch ein Gegensatz zu dem von den Bombenteppichen niedergerissenen Häusermeer Alt-Eimsbüttels, dessen Zeugnisse in einzelnen Straßenzügen erhalten blieben.*

In welcher Großzügigkeit hat man jetzt die Fruchtallee als Durchgangsstraße zu gestalten verstanden mit ihren in Grün eingebetteten Häuserblocks, die noch einen merkwürdigen Kontrast zu den Ruinenresten und den Bunkern bilden. Trostlos dagegen

23. April 1963 - noch hat der Schulweg seinen alten Verlauf. Die alte „Eichen-Apotheke" steht im Hintergrund quer auf dem Gelände der heutigen Fahrbahn. Vorn links ist die Einmündung der Henriettenstraße. Rechts neben der Straßenbahn ist das alte Geschäft von „Leder Israel", welches sich heute einige Grundstücke weiter direkt an der Ecke zur Osterstraße befindet.

Heute: Das Haus mit der „Dujardin"-Reklame ist verschwunden, ebenso ist es im Zuge der Ringstraßen-Erweiterung anderen Gebäuden ergangen - auch der „Eichen-Apotheke".

25. April 1963 - Im Gehölz. Links im Hintergrund die Einmündung der Eichenstraße und die „Eichen-Apotheke".

Durch den neuen Straßenverlauf hat sich die Perspektive von einst völlig verändert. Den vierspurigen Schulweg teilt an dieser Stelle ein begrünter Mittelstreifen.

Die Eimsbütteler Chaussee um 1905. An der Ecke zur Margarethenstraße ist das Geschäft von Carl Bucky zu sehen, der es in der Weimarer Zeit zu einem bekannten Kaufhaus ausbaute. Vor dem Zweiten Weltkrieg zierte eine große, für die damalige Zeit noch ungewöhnliche Neon-Leuchtreklame die „Bucky-Ecke".

Die Eimsbütteler Chaussee vor 1914 - die Eimsbüttler Einkaufsmeile. Geschäft reiht sich an Geschäft, die Verkehrsanbindung ist gut. Heute fährt kein öffentliches Verkehrsmittel mehr durch diese Straße.

immer noch die früher so imposante Eimsbütteler Chaussee." („Eimsbütteler Blätter", Aug./Sept. 1960).

Die Eimsbütteler Chaussee war in der Tat zu einem Problem geworden. Die Planung der Baubehörde sah bereits vor, das erheblich zerstörte Teilstück dieser Straße zwischen Doormannsweg und Fruchtallee endgültig für den Autoverkehr stillzulegen und mit Wohnhäusern zu bebauen.

Die noch verbliebenen Geschäftsleute wehrten sich energisch. Eines der Hauptargumente für den Verbleib der Weiterführung ihrer Straße zur Fruchtallee klingt heute ausgesprochen kurios: Sie beklagten, im Falle einer Schließung der Chaussee vom „Strom der Touristen aus Skandinavien" abgeschnitten zu sein.

In der Tat strömte der Reiseverkehr aus den skandinavischen Ländern vor dem Ausbau der „Vogelfluglinie" (1963) überwiegend aus Nordwest über die Kieler Straße nach Hamburg hinein und ein guter Teil davon durchfuhr dabei auf dem Weg in die Innenstadt die Eimsbütteler Chaussee. Die Baubehörde setzte jedoch ihr Vorhaben durch. Der Abstieg der einstigen Einkaufsmeile zu einer Straße unter vielen setzte sich fort. An ihrer Stelle avancierte die Osterstraße zur Hauptgeschäftsstraße.

Baulücken schlossen sich, Beschädigtes wurde repariert. Die älteste Eimsbüttler Kirche, die Christuskirche, konnte am 3. Advent 1953 feierlich wieder eingeweiht werden. Sie gehört zu den Bauwerken, die noch immer an das Vorkriegs-Eimsbüttel erinnern. An die ältesten Zeiten, an das Dorf oder gar an eine unberührte Natur erinnert kaum etwas mehr.

Der Isebek, einst eine dominierende Landmarke, war ausgangs der fünfziger Jahre zu einer schmutzigen Nebensächlichkeit verkommen. Verrohrt unter dem Pflaster herangeführt, trat der Bach neben dem Haus Eimsbütteler Straße 62

Das wurde aus der berühmten „Bucky-Ecke". Der Abschnitt der Margarethenstraße, der hier einst als Verkehrsstraße auf die Eimsbüttler Chaussee traf, mündet heute hier als schmaler Fußweg.

in einer zementierten Gosse wieder an das Tageslicht, mißbraucht als Kloake und Müllkippe. Weiter kroch der Isebek unterirdisch, kreuzte die Eimsbüttler Chaussee neben dem Haus Nr. 37 und floß parallel zur Bellealliancestraße in einer trüben Rinne, die schließlich in Rohren zum Isebekkanal geleitet wurde.

„Schade um unseren Isebek" wetterte man 1957 erbost in den „Eimsbütteler Blättern" und forderte die Behörden auf, den Bach entweder gründlich zu säubern oder endgültig unter der Erde verschwinden zu lassen.

Der Appell wurde gehört und der Isebek vollends verrohrt. Gleiches unternahm man zur selben Zeit mit den letzten offenen Stellen des Ottersbek. Die Bäche waren von der Karte Eimsbüttels verschwunden.

Der Aspekt, unter dem das Eimsbüttel der Nachkriegszeit die wesentlichsten Veränderungen erfuhr, war die immense Zunahme des Autoverkehrs. Aus einst vergleichsweise beschaulichen Strassen wurden vier- bis sechsspurige Asphaltschneisen, deren ständig brausende Verkehrsströme Barrieren zwischen ehemals zusammenhängenden Vierteln schufen.

Zunächst waren diese Verbreiterungen der Fruchtallee, der Schäferkampsallee, des Schulwegs oder Doormannswegs auch von vielen Eimsbüttlern stürmisch gefordert worden. Aber die negativen Auswirkungen des Straßenverkehrs wurden zunehmend deutlicher und die Projekte der Verkehrsplaner dennoch immer gigantischer.

Man war, beflügelt durch den weiträumigen Wiederaufbau, gerade so schön am Zuge. Mehrspurige Highways sollten auf Stelzen über die Stadt führen, die Binnenalster zugunsten einiger Parkplätze zugeschüttet werden und in Eimsbüttel hätte man gerne diesen nutzlosen Isebekkanal betoniert, um darauf eine Stadtautobahn zu errichten ... Glücklicherweise blieben alle diese Pläne unrealisiert in der Ablage.

24. Juli 1958 - Blick von der Emilienstraße in die Eimsbütteler Chaussee. Noch führt die Chaussee durch bis zur Fruchtallee, auf der gerade die Straßenbahnschienen entfernt werden.

Die Eimsbütteler Chaussee ist heute für den Autoverkehr von der Fruchtallee her abgeschnitten. Auch hier ist noch ein Fußweg geblieben.

26. April 1961 - Eimsbütteler Chaussee. Im „Central-Theater" läuft gerade „Das Geheimnis der roten Maske" mit Lex Barker. Rechts neben dem Kino steht die alte Baptisten-Kapelle.

Das ehemalige Kino ist wieder aufgestockt und restauriert worden. Es beherbergt jetzt ein Squash-Center. Die Baptisten-Kapelle ist durch einen Neubau ersetzt, das prächtige Wohnhaus rechts daneben ist geblieben (Nr. 77).

Unten links der Eimsbütteler Markt. Die Blickrichtung ist von West nach Ost. Im mittleren Hintergrund sind die Grindel-Hochhäuser zu sehen, oben rechts die Außenalster.

16. Juli 1957 - Eimsbütteler Marktplatz, links zweigt der Pinneberger Weg ab. Die Trümmer sind beseitigt, aber der Wiederaufbau ist noch nicht vollzogen. Heute führt der Pinneberger Weg nicht mehr bis zum Marktplatz heran.

16. Juli 1957 - die ehemalige Straßenbahnhalle an der Ecke Eduardstraße/Eimsbütteler Markt, etwa auf dem Areal, das heute das Haus Eduardstraße 14 einnimmt. Eröffnet wurde sie am 5. September 1868, noch für die Pferdebahn. Ab dem 21. Januar 1895 bis zum 15. Dezember 1925 war der Straßenbahnbetrieb elektrisch durchgeführt worden, danach wurde aus der Halle ein Autobus-Depot. Bei den Luftangriffen am 25. Juli 1943 brannte das Gebäde ab. Die hinten links erkennbaren Wohnhäuser stehen noch heute am Pinneberger Weg.

25 April 1963 - der östliche Abschnitt der Osterstraße, aufgenommen mit Blickrichtung zum Eppendorfer Weg von der Kreuzung Osterstraße/Schulweg aus.

Die Straßenbahn fährt nicht mehr, das Eckhaus rechts wurde abgerissen. Ein flacher Geschäftsbau füllt die Lücke.

31. Januar 1959 - es ist ein Samstag, kurz
nach 13.00 Uhr. Mit ihren Wochenendein-
käufen eilen die Leute über die Kreuzung
Eppendorfer Weg/Osterstraße (führt nach
rechts aus dem Bild). Die Häuser im Hintergrund stehen an der Bismarckstraße.

Der Blick zur Bismarckstraße ist wieder ver-
baut, aber direkt an der Straßenecke ist noch
einer der flachen Behelfsbauten der Nachkriegszeit übrig geblieben.

74

25. April 1963 - die Kreuzung Schulweg/Osterstraße (geht rechts ab). Im Bildhintergrund sind die Häuser zu sehen, die hinter der Einmündung der Tornquiststraße standen - dort, wo heute der im Zuge des Straßenrings verlängerte Doormannsweg auf den Schulweg trifft.

Die Straßenschneise ist geschlagen. Das Eckhaus an der Osterstraßen-Kreuzung hat ein neues Dach erhalten.

Heute kann hier Schuhwerk erworben werden - für die zweifellos umweltfreundlichere Variante der Fortbewegung.

R. S. oben: 15. Oktober 1959 - ehemaliges Straßenbahndepot am Heußweg, in der Nähe der Ecke Osterstraße. Links daneben ist im Hintergrund der Heußhof zu sehen. Auf dem Schild neben der Pforte werden „preiswerte Gebrauchtwagen" feilgeboten (siehe l. S. oben).

R. S. unten: 25. Mai 1953 - an der Osterstraße. Noch versperren keine Neubauten den Blick auf das ehemalige Klinikgelände des Dr. Unna. Der Giebel in der Bildmitte gehört zu dem einzigen Klinikgebäude, das nicht den Bomben zum Opfer fiel. Links steht das Karstadt-Kaufhaus an der Kreuzung des Heußwegs.

Die aktuelle Perspektive.

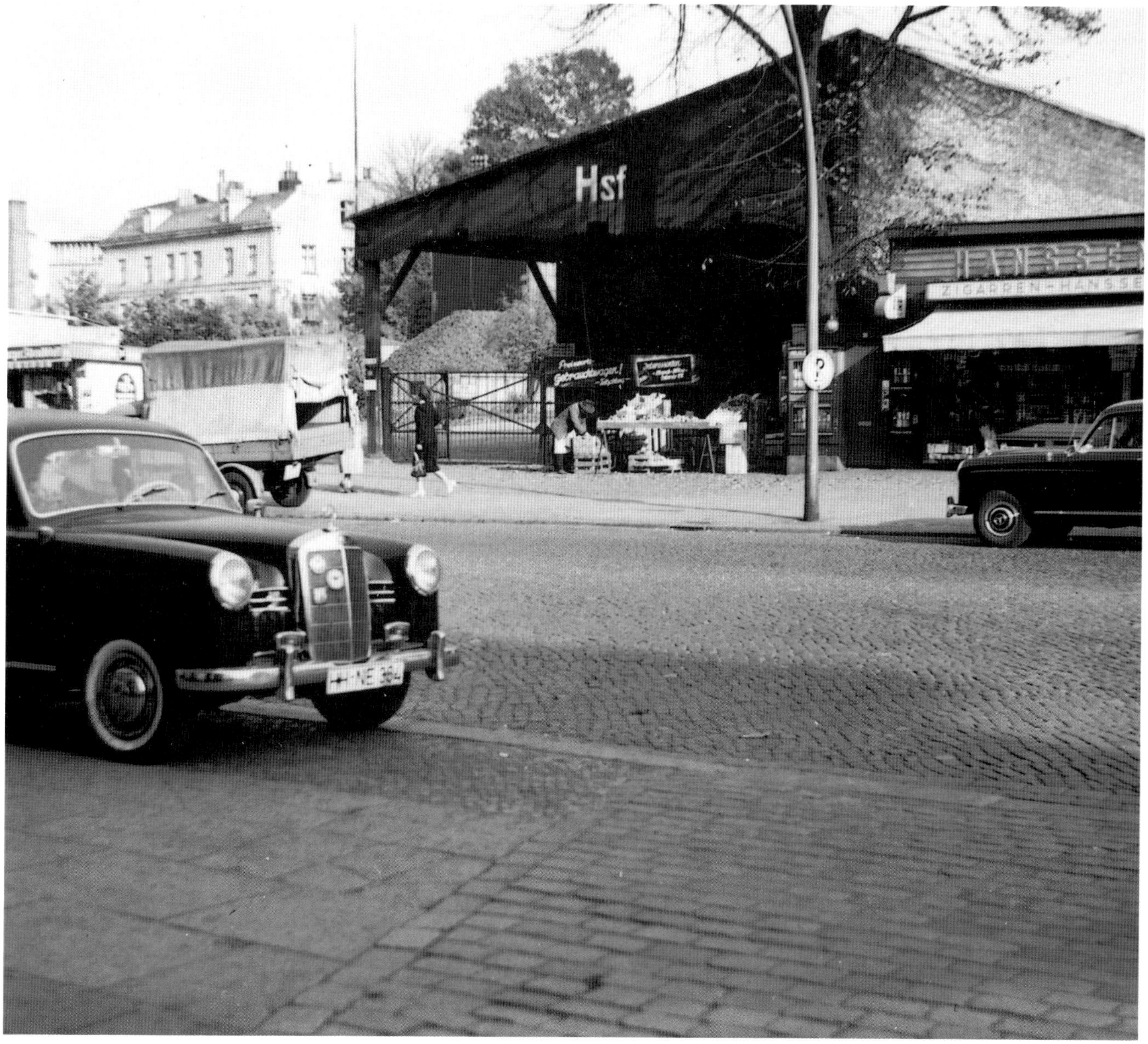
Hsf
Gebrauchtwagen!
ZIGARREN-HANSSE

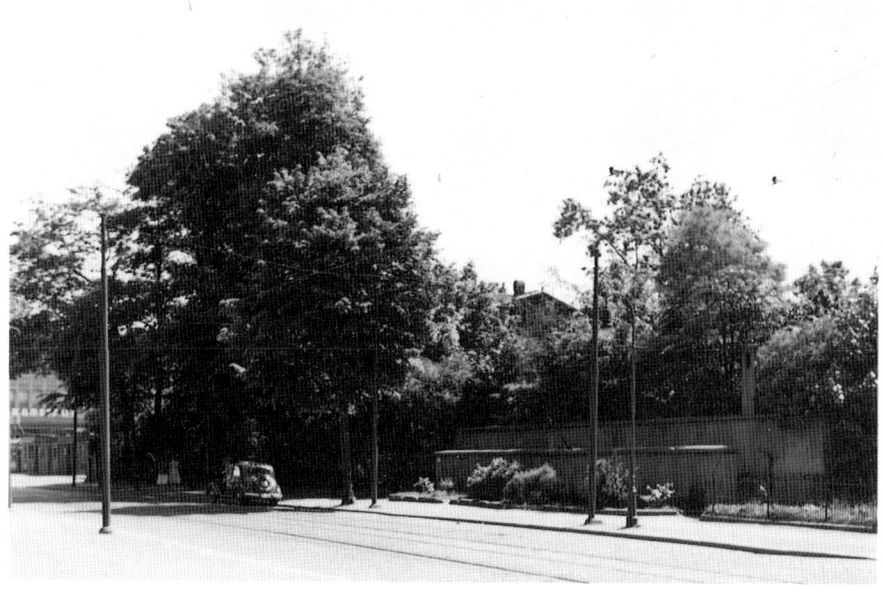

4. April 1953 - Häuser am Schulweg vor dem Ausbau des Straßenrings. Der Fotograf steht in der Einmündung des Henriettenwegs.

Die nachfolgende Bebauung aus der gleichen Sicht. Der Henriettenweg hat keine Einmündung zum Schulweg mehr.

10. September 1962 - Blick von der Schanzenstraße durch die Altonaer Straße in Richtung Eimsbütteler Chaussee. Die Straßenbahnlinie 8, deren Schienen hier noch zu sehen sind, ist kurz zuvor eingestellt und durch eine Buslinie ersetzt worden.

Dieselbe Straßenseite ist zu Beginn der 90er Jahre neu gestaltet worden.Moderne Wohn- und Geschäftshäuser ersetzten die maroden Schlitzbauten.

Das Hamburg-Haus am Doormannsweg ist seit dem Tage seiner Eröffnung am 1. Juni 1965 der kulturelle Mittelpunkt Eimsbüttels. Hier befindet sich die Öffentliche Bücherhalle, hier tagen Interessengruppen und werden Ausstellungen, Vorträge und vieles mehr veranstaltet.

Seite 82: Gute Adressen in Eimsbüttel: Am Weiher Nr. 10...

Seite 83: ... und Wiesenweg 43.

Der Stadtteil

Noch immer liegt die nach dem Blitzschlag vom 28. Dezember 1981 abgestürzte Turmspitze verkohlt auf dem Innenhof neben der Christuskirche.

Heute haben - nicht nur in Eimsbüttel - die Bemühungen um eine bessere Wohn- und Lebensqualität einen höheren Stellenwert als die Schaffung breiterer Straßen und höherer Häuser. Die verkehrsberuhigenden Maßnahmen in vielen Straßen sollen dazu beitragen. Auch die Parks und Grünzüge sollen der Erholung dienen. Schon deshalb ist nicht jede im Krieg zerstörte Straße in voller Länge wieder aus den Trümmern neu erstanden. So ist aus der ehemaligen Marthastraße zwischen Bellealliancestraße und Amandastraße eine Grünfläche mit Kinderspielplatz geworden, gleiches gilt für den Abschnitt der Lindenallee zwischen Margaretenstraße und Altonaer Straße.

Der Eimsbütteler Park am Weiher ist zwar nicht mehr ganz so ausgedehnt wie einst, aber mit den ihn umgebenden prächtigen Altbauten an den Straßen „Am Weiher" und „Ottersbekallee" ein Wohngebiet, das den Vergleich mit noblen Bürgerquartieren in Eppendorf oder Winterhude nicht zu scheuen braucht.

Den längsten Grünzug bildet eine Kombination aus neu angelegten Flächen mit den Resten einiger Gärten aus jener Zeit, da Eimsbüttel noch als „Lustdorf" und Villenvorort galt. Er zieht sich entlang des Isebekkanals, führt am Hamburg-Haus durch den ehemaligen Landbesitz des Kaufmanns Wehber, hinter der Emilienstraße vorbei an den auf den alten Schacht'schen Wiesen angelegten Sportplätzen und endet im Unna-Park, der auf dem Gelände der einstigen Klinik des Dr. Unna entstanden ist.

Ottersbek und Isebek (vom Kanal abgesehen) sind zwar unter der Erde, aber noch nicht ganz aus dem Gedächtnis der Eimsbüttler verschwunden. Zwischen Marthastraße und Vereinsstraße erinnert ein auf Hauswänden, Garagentoren und Stellwänden gemaltes Bildmotiv an den ehemaligen Verlauf des Isebek.

Dem Isebekkanal drohte in den achtziger Jahren der biologische Tod. Aufgrund des im Sommer regelmäßig auftretenden Sauerstoffmangels kam es immer wieder zum großen Fischsterben. Man traf eine spektakuläre Gegenmaßnahme: 1988 wurde im Kanal eine Sauerstoffanlage installiert, eine Art Schlauch mit Löchern, durch die täglich 1.000 Kubikmeter Sauerstoff in das Wasser gepumpt werden. Das Experiment verlief erfolgreich - selbst während des extrem warmen Sommers 1992 blieb das Fischsterben aus, die Artenvielfalt nahm zu. Im Isebekkanal leben wieder Aale, Rotaugen, Schleie, Barsche, Brassen, Hechte und Zander.

Von Resten dörflicher Bebauung ist in Eimsbüttel nichts mehr geblieben. Die Häuser, die Eimsbüttel zu den Zeiten der Stadterweiterung und kurz danach ein neues Gesicht gegeben haben, sind nun schon so alt, daß sie - sofern sie die Jahre überdauert haben - ihrerseits bereits das „alte" Eimsbüttel repräsentieren.

Daß diese alte Bausubstanz sehr attraktiv sein kann, sieht man vor allem da, wo noch ganze Straßenzüge in ursprünglicher Bebauung vorhanden sind. Die fast geschlossene Jugendstil-Bebauung der Lutterothstraße kann dafür als gutes Beispiel gelten.

Überdauert haben auch die beiden großen Eimsbüttler Kirchen, wenn auch nicht schadlos. Die Apostelkirche hatte, von einigen zerbrochenen Scheiben abgesehen, die Bombennächte gut überstanden.

Doch am Sonntag, dem 25. September 1977, entdeckt die Besatzung eines vorbeifahrenden Streifenwagens um 23.07 Uhr, wie Rauchwolken aus dem Dach des Kirchenschiffes qellen. Wenig später sind die ersten Feuerwehrleute im Einsatz, schließlich sind es über 200 Männer. Sie können nicht verhindern, daß sich die Flammen durch das Holz der Turmtreppe nach oben fressen. Der Turm wirkt wie ein Schornstein. Die Bewohner der umliegenden Häuser werden evakuiert.

Um 1.07 Uhr bleiben die Zeiger der Kirchturmuhr stehen. Kurz darauf schlagen Flammen aus dem Ziffernblatt. Das Dach des Kirchenschiffes bricht ein. Um 3.50 Uhr erleben die hilflosen Helfer und zahlreiche herbeigeeilte Eimsbüttler, wie sich die oberen zwei Drittel der Turmhaube neigen und krachend auf den Vorplatz stürzen.

Als Ursache des Feuers wurde Brandstiftung vermutet oder Fahrlässigkeit bei Reparaturarbeiten - zur Zeit des Brandes stand ein Gerüst an der Kirche. Endgültig geklärt wurde der Fall nie. Doch auch die Apostelkirche entstand neu aus ihren Trümmern. Schon nach wenigen Monaten war der Wiederaufbau beschlossene Sache. Ebenso wurde sich schnell darauf geeinigt, daß die neue Apostelkirche nicht bloß ein Versammlungsraum für Gottesdienste sein sollte, sondern ein Gemeindezentrum mit Veranstaltungsräumen und einer Cafeteria. Der Architekt Bernhard Hirche fertigte den Entwurf für den neuen Bau, der am 11. April 1982 eingeweiht wurde.

Über die Bombenschäden an der Christuskirche ist bereits berichtet worden. Weniger gravierend, aber auch nicht folgenlos war ein Blitzschlag, der die Kirche in der Nacht vom 27. zum 28. Dezember 1981 vier Meter unterhalb der Turmspitze traf und dort die Kupferabdeckung zum Glühen brachte. Um 4.45 Uhr wurde Feueralarm gegeben.

Wie schon beim Brand der Apostelkirche war die Feuerwehr auch in diesem Fall zunächst machtlos: Der Turm ließ sich von innen nicht bis zu der Höhe des Brandherdes besteigen und der Wasserdruck reichte nicht aus, um die Flammen von außen erfolgreich zu bekämpfen. Um 8.05 Uhr brach die Turmspitze schließlich ab und stürzte durch das Dach ins Kircheninnere, wo sofort die Empore Feuer fing. Die Löschmannschaften hatten allerdings mit dieser Entwicklung gerechnet und vorausschauend

Blick über den Isebekkanal von der Osterstraße nach Süden. Beschauliche Ruhe steht dem geschäftigen Verkehr auf der Osterstraße gegenüber.

Wasserschläuche verlegt. So konnten die Flammen rasch gelöscht und der Schaden in Grenzen gehalten werden. Schon im nächsten Jahr wurden die Reparaturarbeiten vorgenommen.

Zum Abschluß nun noch ein paar aktuelle Eckdaten: Der Verwaltungsbezirk Eimsbüttel umfaßt heute außer dem hier beschriebenen Kerngebiet noch die Stadtteile Rotherbaum, Harvestehude, Hoheluft-West, Stellingen, Lokstedt, Eidelstedt, Niendorf und Schnelsen. Es ist von der Fläche (rund 5.000 Hektar) her der kleinste der sieben Hamburger Bezirke, aber beim Kriterium der Besiedlungsdichte steht er an zweiter Stelle: 240.000 Personen wohnen hier. Im Bereich des ehemaligen kleinen Dorfes sind es 70.000 Einwohner, die in einem Stadtteil eine Heimat gefunden haben, der sich auch bei jungen Leuten großer Beliebtheit erfreut.

Zwischen den Häusern Ottersbekallee Nr. 25-27 noch gut zu erkennen: Die Schneise, durch die der Ottersbek floß.

R. S. oben: Stadtteil mit hohem Freizeitwert - Entspannung im „Meisenfrei", EppendorferWeg.

R. S. unten: Das alljährliche „Osterstraßenfest" im Mai hat sich zu dem Eimsbüttler Volksvergnügen gemausert. 1992 erreichte es sogar den Superlativ des „längsten Straßenfestes von Hamburg".

S. 85: Im ehemaligen Bootshaus auf dem Isebekkanal wird heute privat gewohnt.

Meisenfrei

TOMBOLA
CIRCUS
TOMBOLA
BUSCH-ROLAND
SARRASANI
GERD SIEMONEIT
BARUM
KRONE

Blickrichtung Südost: Die breite Straße unten ist die Methfesselstraße, längs durch die Bildmitte verläuft der Stellinger Weg.

Im „Sweet Virginia" an der Ecke Bismarckstraße/Von-der-Tann-Straße beginnt der Tag ganz entspannt beim „Café au lait" - nicht nur die farbige Fassade dokumentiert Lebensfreude.

Eimsbüttel an der Weinstraße (Faberstraße 21). Das schmiedeeiserne Schild verlockt zur Einkehr.

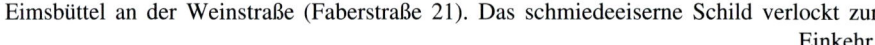

Die Osterstraße 89 b - Hinterhöfe müssen nicht trostlos sein. Beschwingt balanciert der Schornsteinfeger auf der einst tristen Hauswand.

Aktionskunst an der Ecke Belleailliancestraße/Eimsbütteler Chaussee: „Stadtlandschaften" von Burckhard Bürger.

Von Generälen, Musikanten und guten Verbindungen - Straßennamen in Eimsbüttel

Die Eimsbüttler Straßennamen lassen sich in aller Regel in fünf Gruppen einteilen: Die ortsbeschreibenden Bezeichnungen und die nach Anwohnern, Bauunternehmern, Militärs oder Musikern gewählten Namen.

Namen, die auf natürliche Gegebenheiten der Straße verweisen und so an das dörfliche Eimsbüttel erinnern, sind:

Hellkamp - ein abfallend geneigtes Feld, „Hell" ist das niederdeutsche Wort für „Halde".

Müggenkampstraße - benannt nach einem Feld, auf dem man von vielen Mücken geplagt wurde. Auf einer Landkarte aus dem Jahre 1600 ist etwa an der heutigen Übergangsstelle von der Osterstraße in die Müggenkampstraße ein Wassertümpel verzeichnet, wahrscheinlich die Brutstätte der Insekten.

Ophagen - „Hagen" ist ein eingehegtes (eingezäuntes) Feld, der Name bedeutet also „auf dem eingezäunten Feld".

Osterstraße - hier lag der Osterkamp, ein schlicht nach der Himmelsrichtung bezeichnetes Feld.

Die Bedeutung von Bezeichnungen wie **Am Weiher**, **Im Gehölz**, **Weidenstieg**, **Eichenstraße** oder **Lindenallee** erschließt sich auch heute noch ohne nähere Erklärung.

Straßennamen, in denen Eimsbüttels Zeit als nobler Villenvorort weiterlebt, weil sie nach den ehemaligen Großgrundeigentümern benannt sind, über deren einstigen Besitz sie führen, sind: **Alardusstraße**, **Doormannsweg**, **Faberstraße**, **Lappenbergsallee**, **Lastropsweg**, **Lutterothstraße**, **Sillemstraße**.

Die Phase des großen Bau-Booms spiegelt sich in den Straßennamen wider, die nach einflußreichen „Baulöwen" benannt worden sind: **Fettstraße**, **Meißnerstraße** und **Tornquiststraße**.

Der Eitelkeit dieser Herren, unter deren Regie binnen kürzester Zeit ganze Viertel aus dem Boden gestampft wurden, war damit aber längst nicht genüge getan. Sie verteilten Straßennamen unter ihren Angehörigen wie Könige ihre Ländereien an Feudalherren.

H.J. Fett verewigte seine Frau in der **Margarethenstraße**, die Schwägerin vermutlich in der **Marthastraße**. Der Bauunternehmer Samuel Ephraim benannte die **Sophienallee** nach seiner Frau, die **Eduardstraße** nach seinem Sohn und die **Paulinenallee** nach seiner Schwägerin. Alexander B. Tornquist ehrte seine Töchter mit der **Emilienstraße** und der **Henriettenstraße**, wobei letztere Straßentaufe gleichzeitig als standesgemäßes Hochzeitsgeschenk für Henriette diente. Für eine der Brautjungfern, immerhin die Tochter des wichtigen Geschäftsfreundes H.J. Fett, fiel dabei auch noch etwas ab - die **Charlottenstraße** nämlich.

Der engen Partnerschaft untereinander haben sich die wenigen bedeutenden Bauherren in zwei Straßennamen selbst ein Denkmal gesetzt: **Bellealliancestraße** und **Vereinsstraße**.

Stammlokal der Magnaten Meißner, Fett, Fehlandt und Schmuck war nämlich das bereits erwähnte Gasthaus „Belle-Alliance" an der Ecke Eimsbütteler Straße/Eimsbütteler Chaussee. Das Produkt eines besonders gelungenen Geschäftsessens war die gemeinsame Bebauung einer neuen Straße, die sie zu Ehren ihrer „schönen Verbindung" und der geschätzten Lokalität ihrer Besprechungen feinsinnig Bellealliancestraße nannten. Ganz besonderen Hintersinn gewann der Name durch die unmittelbare Nähe der Waterloostraße...

Die Vereinsstraße dokumentiert da doch unverblümter die Absicht ihrer Paten, der geschäftlichen Einigkeit Ausdruck zu verleihen.

Militärische Heroen verliehen folgenden Straßen ihren Namen: **Von-der-Tann-Straße** (Bayrischer General, 1848/50 Führer eines hanseatischen Freikorps), **Tegetthoffstraße** (Österreichischer Admiral, griff 1864 vor Helgoland die dänische Flotte an und kämpfte die Elbmündung frei), **Tresckowstraße** (Kommandierender General hanseatischer Regimenter im Krieg 1870/71).

Zu dieser Gruppe zählen auch die Namen, die an Preußens Glanz und Gloria erinnern - **Kaiser-Friedrich-Ufer** und **Bismarckstraße**.

Daß Eimsbüttler weitaus mehr für Musik als für Martialisches zu haben sind, beweist aber die Dominanz der Straßen, die nach Musikern benannt sind:

Armbruststraße (Vater und Sohn, beide Organisten an der Kirche St.Petri),

Sehr konsequent ist der militärische Charakter des Straßennamens auch in diesem Detail der Fassade des Hauses Von-der-Tann-Straße 9 umgesetzt worden.

Clasingstraße (J.H. Clasing, Mitbegründer und erster Dirigent der Singakademie),

Grädenerstraße (Karl Grädener, Komponist),

Grundstraße (J.W. Grund, Mitbegründer der Singakademie),

Matthesonstraße (Johann Mattheson, Komponist und Diplomat),

Methfesselstraße (Albert G. Methfessel, Gesangslehrer und Dirigent, Komponist der Hamburg-Hymne „Stadt Hamburg an der Elbe Auen"),

Odenwaldstraße (Theodor Odenwald, Gründer des Hamburger Kirchenchors),

Prätoriusweg (Jacob Prätorius, Komponist, Organist an der St.Petri-Kirche),

Rombergstraße (Bernhard Romberg, Cellist),

Sartoriusstraße (Erasmus Sartorius, Domkantor),

Schopstraße (Schop, Organist und Dirigent der Ratsmusiker),

Schwenckestraße (Chr.Fr. Gottlieb Schwencke, Kantor und Musikdirektor an der Katharinenkirche - Sohn und Enkel waren Organisten an der Nikolaikirche),

Selliusstraße (Thomas Sellius, Kantor am Johanneum, Musikdirektor am Dom),

Telemannstraße (G.P. Telemann, Kantor des Johanneums, Musikdirektor am Dom, Komponist),

Voigtstraße (C.Voigt, Komponist, Gründer des „Cäcilienvereins", einer Vereinigung zur Pflege kirchlicher Musik),

Weckmannweg (Weckmann, Gründer des „Collegium Musicum", einer Vereinigung zur Pflege der Oratorien in Norddeutschland).

Quellen-, Literaturverzeichnis

Literaturverzeichnis:

Alter, H./ Lachmund, F./ Menze, M.: Mein Eimsbüttel; Hamburg 1975

Brunswig, Hans: Feuersturm über Hamburg; Stuttgart 1978

Bezirk Eimsbüttel: Festschrift zur Eimsbütteler Woche; Hamburg 1952

Clasen, Armin: Die schöne Marianne; Hamburg 1972

Eimsbütteler Blätter; Div. Jahrgänge

Festschrift des Bürgervereins Eimsbüttel e.V.; Hamburg 1973

Festschrift: 100 Jahre Apostelgemeinde; Hamburg 1990

Festschrift: 50 Jahre St. Stephanus; Hamburg 1962

Festschrift: Eimsbüttel - Stadt in der Großstadt (5 Jahre Hamburg-Haus); Hamburg 1970

Galerie Morgenland (Hrsg.): Kennen Sie Eimsbüttel?; Hamburg 1985

Hipp, Hermann: Freie und Hansestadt Hamburg; Köln 1989

Lüth, Erich: Zwischen Eymersbuttele, Herwardeshude und Pöseldorf; Hamburg 1976 (Privatdruck)

Sieveking, Prof. Dr. G. Herman: Eimsbütteler Chronik; Hamburg 1951

Bildnachweis:

Aktuelle Aufnahmen:
Katharina Marut-Schröter

Historische Aufnahmen:
Fa. Polster & Rutsch, (Ansichtskarten, Münzen, Briefmarken) Niedernstraße 121, 2000 Hamburg 1, S. 14, 28, 31, 36, 38, 39, 40, 41, 42, 44, 49, 51 u., 55, 56, 63, 66 u.

Kurt Scheffer, S. 20, 28, 50, 64, 65, 68, 69, 72, 73, 74, 75, 77, 78, 79

Fa. Wunderlich, S. 22, 32, 45, 46, 51 o., 66 o.

Landesbildstelle, S. 3, 4, 5, 6, 8, 10, 11, 12, 18, 21, 33, 34, 35, 52, 57, 59, 60

Aktuelle Luftaufnahmen:
Fotostudio Schulze-Alex, S. 62
Deutsche Luftbild, S. 70/71
Hanseatische Luftfoto GmbH, S. 88/89

Für Informationen und tatkräftige Unterstützung danken wir ganz besonders:

Kurt Scheffer, Hamburg
Gerhard Schröter, Hamburg

»Im Medien-Verlag Schubert erscheint eine bemerkenswerte Buchreihe über verschiedene Hamburger Stadtteile. [...] Die Ausgaben stellen die Wandlungsfähigkeit unserer Stadt dar. Sie sind eine Freude für jeden heimatkundlich Interessierten.« Die Empfehlung des Buchhändlers, Hamburger Abendblatt

Das Alstertal im Wandel

... erzählt von der Geschichte des abwechlungsreichen Naherholungsgebiets der Hamburger. Historisch und farbig aktuell präsentieren sich die mit dem Alsterlauf eng verbundenen, einstigen Dörfer Poppenbüttel, Wellingsbüttel, Klein Borstel und Hummelsbüttel. 96 S.; ca. 100 Abb. (farbig u. s/w); ISBN 3-929229-02-1

Eimsbüttel im Wandel

Vom Lustdorf zum modernen Stadtteil - historische Perspektiven und aktuelle Ansichten dokumentieren die wechselvolle Geschichte Eimsbüttels in überraschenden Gegenüberstellungen. Auf 96 Seiten mit ca. 120 Abbildungen (farbig und s/w) kann der Leser die rasante Entwicklung in Wort und Bild miterleben. ISBN 3-9802319-9-2

Winterhude im Wandel

Kaum ein Stadtteil verbindet soviele Gegensätze wie Winterhude: Parkanlagen und Kanäle gegenüber enger Mietshausbebauung, hochherrschaftliche Villen als Kontrast zu idyllischen Bleicherhäusern und der City Nord. Den Wandel vom einst abseits gelegenen Bauerndorf dokumentieren 104 S. sowie ca. 130 Abb. (farbig und s/w). ISBN 3-929229-00-5

Ahrensburg im Wandel

Von der Burg zum Dorf, vom lieblichen Tal der Aue mit Dorf und Poststation bis zur Kleinstadt auf dem Weg in die Moderne beschreiben 96 S. die »Stationen« Ahrensburgs; ca. 130 Abb. (farb. u. s/w); ISBN 3-9802319-8-4

Rothenburgsort (Veddel) im Wandel

Zahlreiche unveröffentlichte historische und aktuelle Bilder - auch von der Veddel - beschreiben die Entwicklung zum heutigen Stadtteil. 88 S.; ca 110 Abbildungen (farb. u. s/w); ISBN 3-9802319-6-8

Die Elbvororte im Wandel I

In diesem Band der Reihe präsentieren sich Blankenese, Rissen, Sülldorf und Iserbrook von ihrer historischen und aktuellen Seite zugleich. 112 S.; ca. 150 Abb. (farbig u. s/w); ISBN 3-929229-01-3

Barmbek, Uhlenhorst im Wandel

Barmbek (Uhlenhorst) im Wandel

150 Seiten berichten vom einst idyllischen Bauerndorf und heutigen Stadtteil. 129 Abb., ISBN 3-9802319-2-5

Wandsbek, Marienthal, Eilbek im Wandel

Wandsbek (Eilbek) im Wandel

Dorf, eigenständige Stadt, Stadtteil: mit Spannung kann der Leser die Entwicklung Wandsbeks von der Gründung bis in die heutige Zeit verfolgen. Tycho Brahe und Matthias Claudius machten Wandsbek weltbekannt. 132 Abbildungen; 158 S.; ISBN 3-9802319-1-7

Bramfeld/Steilshoop im Wandel

Bramfeld (Steilshoop) im Wandel

138 historische und aktuelle Abbildungen beschreiben die Entwicklung zum Stadtteil. 124 Seiten; ISBN 3-9802319-0-9

Niendorf, Lokstedt, Schnelsen im Wandel

Ein lange erwarteter Titel, den der MVS in Kürze präsentieren wird. Die drei Stadtteile werden auf 96 Seiten mit etwa 120 farbigen und schwarzweißen Abbildungen beschrieben. Doch auf ein Wort: Auch hier handelt es sich eigentlich nicht um bloße S/W-Illustrationen. Eine aufwendige Duoton-Technik gibt insbesondere den historischen Aufnahmen ihr »natürlich« vergilbtes Aussehen. Wie bei allen Büchern des Medien-Verlags Schubert wird bei diesem Band ebenfalls nicht gespart. Bestes, **chlorfrei gebleichtes** Kunstdruck-Papier und ein fester Einband sorgen für umweltschonende, solide Langlebigkeit.

Die Walddörfer im Wandel

Die Walddörfer waren jahrhundertelang eine Exklave Hamburgs. Herrenhaus, Museumsdorf, herrschaftliche Villen, Bauernhöfe und viel Natur: Begriffe, die die einstigen Hamburger Vororte auch heute noch charakterisieren. Volksdorf, Bergstedt, Duvenstedt, Lemsahl-Mellingstedt und Wohldorf-Ohlstedt präsentieren sich hier auf 104 Seiten und 130 historischen sowie aktuellen Abbildungen (farbig und s/w). Zahlreiche Luftaufnahmen (historisch und aktuell) ergänzen das bodenständige Bildmaterial. ISBN 3-9802319-4-1

Flensburg (Glücksburg, Holnis) im Wandel

Die Fördestadt, ihre Sehenswürdigkeiten und Menschen zeigen neben historischen Bildern seltene Aufnahmen des »Stadtfotografen« Thomas Raake, von malerisch verträumt bis spritzig maritim, mit berühmten Höfen und dem Schloß Glücksburg. 96 S., 99 Abb. (farbig und s/w); ISBN 3-9802319-7-6

Harburg im Wandel

Burg, Industrie und Wohnkultur am malerischen Elbstrom. »Es ist ein sachliches, in seiner Schlichtheit bestechendes, in seiner Aussagekraft überzeugendes, in der Auswahl äußerst vielfältiges zeitgemäßes Buch.« Harburger Anzeigen und Nachrichten; 96 S.; 114 Abb. (farbig und s/w); ISBN 3-9802319-5-X

Eppendorf im Wandel

»Dieses Buch gewinnt seinen Charme aus der Gegenüberstellung des alten und des neuen Eppendorfs. Und auch der Kenner des Stadtteils wird manch ein historisches Foto finden, das er noch nicht gesehen hat.« Kurt Grobecker, Norddeutscher Rundfunk, Hamburg-Welle; 112 S.; 159 Abb. (farb. u. s/w); ISBN 3-9802319-3-3